いや〜、日本語って、本当に難しいものですね

小説『隣の殺人者』の舞台裏

水野春穂
Mizuno Haruo

文芸社

目次

序章

震災後、日本人は本当に変わることが出来たのか？

二〇一一年に東日本大震災があったその直後、「日本人は変わった。優しくなった」という声を聞きました。

本当でしょうか?

その声の多くは、ラジオ番組のパーソナリティ等マスコミに従事している人や、人間を美しく謳い上げるミュージシャン、あるいは、テレビ局の番組スタッフからマイクを向けられ、「震災後に自身が変わったこと」等の質問に沿う形で答える一般の人達であったように思います。

勿論、このことを否定するつもりはありません。街頭で募金活動に参加したあるTVタレントが、これに応える人々の姿を目にして「日本人って格好いいなあ」と感激していましたが、TV画面の中のこのような劇的な光景だけではなく、自分の身の周りの日常の空間でも、例えば、行き付けにしている飲食店では、さりげなく被災地の地酒を扱っていることを品書きしてあったり、また、客も同様に、さりげなくこれに応える姿が見られましたし、自分も微力ながら、こういう地酒であったり、会津産のそば粉の使用を謳っている蕎麦屋でその注文をしたりしていました。あるいは、街頭での募金活動の呼び掛けに対してや募金箱を設置してあるヘアーサロン等で、僅かながらも募金に協力させて頂きました。

もっとも、日頃、一般的な感覚から言って、結構な値段で商品を提供しているような飲食店で募金箱を目にした時には、「あれ？　店の売り上げから割いて募金する気はないんだろうか？」と疑問を感じ、こういうケースでは募金箱に手は伸ばしにくいものがありましたが……。

このことはともかく、中には、とても自分には真似の出来ない、会社を辞めてまで被災地のボランティア活動に参加した若い人がいたり、あるいは歌人の俵万智さんは、子供にとっての環境を第一に考え、それまで暮らしていた被災地の宮城県を離れて沖縄に移り住み、そこで心機一転、親子共々、温かく迎え入れてくれた地元の人達と交流を深めているということをニュース等を通じて知りましたが、こういった人達だけを見て日本人を語り尽くすというのは、日頃、何かと悲惨な事件を扱った報道を見聞きすることが多い、それだけを見ても、当然のことながら、無理があるというものでしょう。

大震災があった二〇一一年の暮れには、その年の世相を表す字である「今年の漢字」として「絆」が選ばれましたが、皮肉なことに時を前後して、千葉県の松戸市と埼玉県の三郷市で小学生の女児と中学生の女子生徒に対して殺人未遂事件を起こした少年が逮捕されると共に、この事件に便乗したかのような、見知らぬ人を刃物で切り付ける通り魔事件が各地で起き、また、実際に行為には及ばなくとも、路上でナイフをチラつかせて子供を脅すといった悪趣味なことをする者がいたり、あるいは翌年の六月、二人の命が奪われた大阪で起きた通り魔事件をあるTVのニュース番組が報道した際、冒頭でキャスターが、期せずして「また、通り魔による事件が起きてしまいました……」と口にしていました。

そして、こういった事例だけではなく、「絆」といった語感の美しさが世に広まるのとは逆に、その言葉の意味とは正反対にあるような、立川市にあるマンションの一室で、四五歳の母親と知的障害のあった四歳の子供が死後一、二ヶ月の遺体で発見されたことを始めとした「孤立死」や「孤独死」と表現される出来事が相次いだり、震災の翌年には過去最高の件数となり、その後も止むことのない、実の親や同居している者による児童虐待――。「躾のつもりでやった」とするその理由が、中には「自分が飲もうとしていたジュースを子供が飲んだから」というものから、躾のその行為が、幼児をポリ袋やポリバケツの中に押し込んで放置するというようなものまであり、ひどい時には虐待を受けた子供に重い障害が残ったり、死に至るケースがあるだけではなく、自殺教唆の罪で逮捕される者さえいます。

「二四時間以内に自殺しろ！」

いくら義父だからと言って、子供、しかも自分自身、その時期を経てきたであろう多感な年頃の中学二年の長男に、こんな言葉を浴びせる権利等、どこにもない。傍から見れば、躾とは名ばかりの、自身の日頃の鬱憤を子供にぶつけているとしか思えないような、残虐にして陰湿な犯罪であっても、法律的には、通常、一〇年前後の懲役を科すというところに落ち着くのでしょうけれども、犯した罪云々というより、このような下劣な魂に見合う場所は、必然的にその者に用意されていると、個人的には思います。

また、滋賀県では、車を購入するためのものだとし、貯金箱に、親が「触ったら殺す」等の注意書きをしていた家では、親から柱に鎖で繋がれる等して虐待を受けていた小学二年生の男児を、その遊び相手の子供達が救い出したという報道がありましたが、友達を救えたのも、その子らの一人が、日頃からニュース等で児童虐待の事件を見聞きしていることから、「もしかしたら……」と感じたためということだったのですが、言い換えれば、親が子供を虐待することを、子供達は決して例外的なことではないと見ているということであり、言うまでもなく、このような社会が、とても健全な感覚を有しているとは思えません。

日頃から心身共に虐待を受けていたとされる一七歳の女子高生が、母親や祖母を殺害するという事件も北海道でありましたが、わざわざ生み出す必要のない、殺人の罪を犯す者を生み出してしまうという側面が現実としてある今の日本の社会には危機感すら覚えます。

この他、手を替え品を替えて行われる、高齢者等が高額のお金を騙し取られる振り込め詐欺の犯罪も跡を絶ちません。何百万、何千万単位もの金額を奪うということは、その人達がそれだけの金額を貯えるのに必要だった、誠実に自身の仕事と向き合い積み重ねてきた時間を奪った。言い換えれば、その人の人生を破綻させることに等しく、実際、被害者の中には「首を括ろうかと思った」と口にした人が、あるいは騙されたことで家族からも非難されて孤立感を深め、または自責の念に駆られ、自ら命を絶つ人がいるように、殺人の罪にも相当することだと感じます。

被害に遭った人が、自身を責めながら命を絶つ選択をするのに反し、本来、そのような思いを抱くべき加害者達は、おそらくは良心の呵責に苛まれること等なく、他人から奪った多額のお金で、自身の人生を満喫しようとするのでしょう。当然、このような者達には、現世だの来世だのといった考えはないのでしょうけれども、何の罪もない人を死に追いやった人間が、自らの肉体を手放さなければならなくなった最期を迎える時、果たして、その腐った魂に安住の地といったものが約束されているのかどうか、他者の死後を確かめる術があるなら、見てみたいとさえ思います。

あるいは、こんな悪知恵を働かせることすらなく、所持金が数千円だった若い女性を、脅してお金を巻き上げるのも面倒だと、路上で跡をつけ、背後からいきなり刃物で刺殺した一八歳と一九歳の少年二人が逮捕された事件が一昨年に、皮肉にも住んでみたい街のランキングで常に一、二を争う吉祥寺で起きましたが、この年、同様の事件が三重県でもあり、その詳細は、当時、中学三年の女子生徒を殺害したのは高校三年の男子生徒であったということが、翌年の犯人の逮捕で明らかとなったのですが、この事件等は被害者に性的暴行を加えて殺害した末の、というものでした。

　また、昨年、中学生の時には不登校、高校に進学するも退学し、以後、定職にも就かず、親のお金で居住費や生活費を賄ってもらっていた、自らを、その意味の何たるかも分からずに「セレブニート」等と自慢げに称していた二四歳の男が、親から貰うお金だけでは足りなくなり、刃物で脅して通行人からお金を巻き上げようとしたものの、抵抗されて逆上し、自身を殺人者にまで落としてしまったという事件も千葉県でありましたが、所持金が数える程しかない者を未成年者が殺害するなんて絶対におかしいし、公道に、いつ起きるか分からない悲劇が潜んでいる社会なんて、完全に間違っているとの思いを拭えません。

　あるいは、岩手県では、人気アイドルグループのメンバーが握手会で、殺意を持った、青森県在住の二四歳の男から刃物で切り付けられた事件や、横浜市で散歩中の七〇歳の男性を、一九歳の少年がアイスピックで何度も突き刺すという事件が起きた際、このような事件で、これまで幾度となく自分らが耳にしてきた、犯人の「殺害する相手は誰でも良かった」「人を殺してみたかった」という、〝決まり文句〟になっている感さえあるその言葉と、これをどこか当たり前のように聞き流してしまっている日本社会の現状を考える時、自分自身、決してきれい事で自らを飾るつもりはないし、また、飾ることの出来る人間でもないものの、「誰でもいいから殺してみたかった」等という、こんな言葉が当たり前のように聞き流されることのない、また、日本人の潜在意識の中に残らないよう、こんな忌むべき言葉に取って代わるよう、意地でも「誰でもいいから幸せな気持ちになってもらいたかった」等と、口にしてやろうかと思ってしまいます。

更には、このような金銭や怨恨絡みでは全くない、単に「人を殺してみたかった」等という殺害理由を、昨年、長崎県佐世保市で、同級生だった少女を殺害した高校一年の女子生徒や、今年の一月、名古屋市で七七歳の女性を殺害した一九歳の女子大生が起こした事件があったように、未成年の女性、即ち、本来は将来、この世に新しい命を誕生させるような存在である者でさえ、近頃では口にするようになってしまっています。

加えて、今年に入ってからも、フリーの女性アナウンサーが番組に出演しているTV局のホームページの意見投稿欄に殺害予告を書き込んだ男や、北海道帯広市で四八歳の母親に刃物で重傷を負わせた一六歳の息子が逮捕されましたが、それぞれの動機が「スカートの丈が短かったから」であるとか、殺意自体が特にあった訳でもないのに、「ストレスが溜まっていたから」であったり、あるいは川崎市で起きた、中学一年の男子生徒に対して暴行を加え続けた末、余りにも残虐な方法で殺害した少年達の首謀者の、犯行に至るその発端が「万引の強要を拒んだため」という、仮に小説でこういった描き方をしたとしたら、説得力を持たせることが極めて難しいものとなるのに、現実の世界ではまかり通ってしまう……「異常」という他に形容する言葉が見付けられません。

ただ、これらの事案に対し、それは〝他人に配られたカード〟だと見る向きもあるかも知れませんが、同時に、これらは自分自身でコントロール出来る類のものではない故、いつ、〝自身に配られた〟としてもおかしくはない、日本の社会の危うい現状を考える時、この国は人が住めない、住むべき所ではなくなりつつあるのかという危機感を抱かざるを得ないことから、日本という国は、もう、その歴史にピリオドを打つべきで、強い決意を以て、後世に遺伝子を残すべきではないとさえ感じてしまいます。

余りにも軽々しく殺害行為に及ぶその根底にあるものは、命や他者に対する尊厳のなさであり、また、これは、そのような社会から生まれるものだとも感じます。今年の一月、イスラム国が、人質にした日本人ジャーナリストの解放のために身代金を要求したことに対し、日本の政府は、国際社会の意思統一の下に応じることはありませんでしたが、これは組織の資金力を肥大化させない、また、資金が豊富になることにより新たなテロを生じさせないためにも、正しい選択であったことは確かです。

ただし、そこには「テロとの戦いには屈しない」等の言葉が人々の心には残っても、かつてダッカ日航機ハイジャック事件が起きた際、当時の首相が、身代金の支払いと超法規的措置として、獄中の日本赤軍のメンバーらの引き渡しを決断した際に口にした「人命は地球より重い」という言葉が入り込む余地はありません。

イスラム国による日本人ジャーナリスト殺害に関しては、日本人の中にも、ジャーナリストの自己責任だという声もありましたが、イスラム国が、今後、全ての日本人が攻撃の対象となることを明言していたように、あるいは、三月にチュニジアの首都チュニスにある国立博物館で、日本人の観光客が銃撃の被害に遭ったように、いつ、どこで、例えば海外旅行へ出掛ける際、利用した飛行機の中でテロリスト達と遭遇してしまう可能性だって、また、日本人の誰もが人質にされる可能性だって、決してゼロだとは言えないはずです。

そしてこの時、仮に自身が人質にされ、日本の政府が「テロには屈しない。身代金の要求には応じない」という姿勢を明確にしていたとしたら、どこか観念せざるを得ない気持ちになるのではないでしょうか。「人命は地球より重い」の言葉に対し、ネット上では、「人命は地球より重い……訳がないですよね?」という見解もありましたが、もし、この人自身が人質にされたその時でも、自ら、これと同じ言葉を口に出来るのでしょうか。

イスラム国による日本人ジャーナリスト殺害の三週間後、川崎市で起きた中学一年の男子生徒が殺害された事件では、その殺害方法が、主犯格の少年が、イスラム国がネット上にアップした日本人ジャーナリスト殺害の動画に影響を受けたのではないかとも言われています。犯行時の、殺害された少年の耐え難い苦痛を想像する時、果たして、「人命は地球より重い……訳がないですよね?」等という言葉を通用させることは出来るのでしょうか。

人間の流す血は絵の具でもＴＶゲームの画面の中で描かれるＣＧでもないんです。人間という存在を単なる絵空事のようなものにしないためにも、自分達一人一人が、どこかで他者に対する尊厳を意識し、また、心掛けるような社会を形成していくことは非常に重要なことと思います。負の感情が即、殺害行為につながってしまうような、「誰でもいいから人を殺してみたかった」「殺したいから殺す」等という、人間の社会とは言えないそれが作り上げられてしまうその前に。

もっとも、ケースは違いますが、経済評論家の勝間和代さんは「ネット上で殺害予告をしたり、有名人を誹謗・中傷する等といった、ネットを悪用しているのは、日本人全体の一％か二％の人達に過ぎない」としており、同様に殺人や詐欺等の、今の日本人の負の側面を体現しているのは、日本人全体で見れば、限られた割合なのかも知れません。が、日本人の一～二％というのは一三〇〇万～二六〇〇万人もの数になる訳で、この数字は、例えば、お笑い芸人の麒麟の田村裕さんが執筆した『ホームレス中学生』が二〇〇万部を超えるベストセラーとなり、社会的な話題となったように、たとえ全体の一～二％であったとしても、社会を動かしたり方向付けたりするには十分であると言えるでしょう。

いや、そもそも、以前、あるＴＶのバラエティ番組で、人間の心理に関しての興味深い実験を紹介していたことがあり、どのようなものかと言えば、渋谷にあるスクランブル交差点のような、多くの人達が行き交っている場所で、一人の人間が、空に向けて指差しながらそこに立ち止まっていたとしても、誰も気に留めず通り過ぎていくだけなのですが、指差す人間が三人になると、多くの人達が、三人が指差している方に視線を向け始めるというものだったのですが、このように、社会をどのような方向にでも動かせるその数は一〇〇万も要らない。たったの三人でも可能だということが分かります。

そして、今の日本の現状を改めて見詰めた場合、「絆」等という、きれいな響きを持つ一言では決して覆い隠せない、それが殺人や他人から多額の現金を騙し取るといったものまでいかなくとも、負の感情や悪意が指し示す方向に、自分らは、知らず知らず視線を向けていること等ないと、果たして言い切れるものでしょうか？

滋賀県の大津市にある中学校で起きた、同級生達からのいじめを苦に一人の男子生徒が自殺した事件で、学校側と市の教育委員会が事の真相の発覚を恐れて隠蔽しようとし、世間から非難を浴びたのも震災があってから僅か一年余りのことです。この時、男子生徒を死に追いやったとされる同級生の男子生徒達は、警察からの事情聴取の際、この後の裁判のことを睨んで大人の誰かからでも入れ知恵されたのか、中には、当初はいじめをしていたことを認めていた生徒もいたものの、その生徒も、後から、あれはいじめではなく、ふざけてやっただけだという旨の供述をしていたことを報道で知りました。生徒を教育する側の学校の、いじめのあったことの見て見ぬ振り。あるいは子供をより良き方向へ導いてやるべきはずの、想像される大人による入れ知恵……一体、これらのどこに絆等という言葉を用いることが出来るのでしょうか。そして、当初の供述を翻したその生徒にしても、本当に大切にすべきことは、裁判の際に事を有利に運べるかどうか等ということではなく、自身の心がどう感じているかでしょう。もし、「あ～、今日もよく寝た」「今日もご飯が旨い」「毎日が楽しい」「人生って最高」等の思いしか心を占めていないようなら、来世は〝別の住み処《か》〟を選んで、生を享けるべきでしょう。

あるいは、個人的には、この滋賀県大津市で起きた事件やネット上での誹謗・中傷の書き込みと、どこか響き合うものを感じた、昨年、都議会の場であった、俗に言う「セクハラやじ」。報道された、この時の議会の様子を録画した映像を見てみると、明らかに心ないやじが原因で、ある女性の議員がショックを受けていたことが分かるし、また、ある報道によっては、この女性議員が一番傷付いたのは、多くの人達が知ることとなったような言葉ではなく、もっと辛辣なものだったと聞いています。ただ、個人的には、心ないやじ、言い換えれば失言自体に対しては、まるっきり非難がましい気持ちにもなれません。と言うのも、自身、これまで、自分ではその気がなくても、相手を傷付けたり憤慨させるような言葉を口にしてしまったことがありますし、また、これは多かれ少なかれ、誰にとっても経験のあることなのではないかと思うからです。けれども、「セクハラやじ」に関しては、その場でやじを飛ばした当人達にしても、その時は、自身は心ない言葉を口にした感覚がなくても、女性議員の反応を見れば分かるはずなのだから、会議が終わった直後に当人に謝罪するというのがごく一般的な感覚だと思うのですが、後にマスコミに取り上げられて事が大きくなり、名乗り出るべきだとの非難があっても、名乗り出た者は、ほんの一人二人で、女性議員が一番傷付いたとされるやじを飛ばした人は、遂にしらを切り通しました。ネット上で他者を誹謗・中傷する行為と響き合うものを感じるのは、このためです。自身は用意した盾の陰に隠れて顔が分からないようにしながら、悪意ある言葉の矢で相手の心を射貫こうとする……。また、やじを飛ばしたその近くにいた議員らは、当然、誰がやじを飛ばしたのかは気付いているのが自然だと思うものの、おそらくは同じ党の議員という立場から、皆、口をつぐんでいました。この人達だって、中には、人としては間違った態度をとっていると感じている人だっていたはずなのに、しがらみから、間違っていることを間違っていると口に出来ない。大人の世界、更に言えば、社会を動かすような立場にある人達の集まりである議会という場においてだってそうなのだから、中学校等で学校側が、「いじめと自殺との因果関係があったかどうかについては断定出来ない」等の回答で幕引きしようとするのは当然のことなのでしょう。

いや、それどころか、いじめくらいの問題で自殺したと考えるのは、かえってその生徒の名誉を傷付けることになるという言い分さえあります。中学生だとか高校生だとかの、たかだか十何年しか生きていない人間が命を絶とうとするその理由に何があるというのでしょうか。もっと哲学的、あるいは壮大な悩みを抱えながら、自ら死を選んだのでしょうか。そのように見なすのだとしたら、これは「美しい国、日本の人の偽善的な詭弁」に他ならないと思います。

勿論、一人の生徒が、一人の人間が、いじめと傍観と黙認により自殺に追い込まれたなんて、誰だって考えたくないでしょう。少なからず、自己嫌悪を感じずにはいられないからです。取分け、生徒達にとっては重過ぎる問題です。けれども、そんなことは考えなくてもいいとするなら、これは言い換えれば、TV番組でも見て笑っておけばいい等と言っているようなもので、それこそ「教育の死」を招くものだと思います。

もっとも、自分自身のこの言葉を、道徳心と正義感に溢れた一方的なものとして用いる訳にはいきません。お恥ずかしながら自身の未熟な歴史に触れて言えば、小学三年生の時、同じクラスに知的障害のある女の子がいたのですが、ある時、他の子達と一緒になってその女の子に対し、「トイレの床を舐めることが出来たらすごい！」と持ち上げ、校舎内で実際にこのようにさせたことがあり、また、その子も喜んでするものだから、けしかけた子達と一緒になって声を上げて笑っていたのですが、ただし、自分とその女の子が、普段から加害者と被害者の関係にあった訳では決してありません。ある時等、余程、自分の態度がだらしなく見えたのか、その子から「しゃんとしなさいよ」等と言われたことがあるくらいですから。まあ、このことはともかく、自分達の〝悪事〟は、これを見た他の生徒の誰かからでも聞いたのか、クラスの担任であった女性教師の耳に入り、後で自分達は、その先生から校庭で一列に並ばされて激しく叱られたのですが、この時、先生から言われた一言は、何十年と経った今でも、自分の心のどこかに息づいています。

それは、このような言葉でした——。

「あなたは、自分が同じことを言われたら、一体、どう感じるんだ!?」

また、この先生は自分達に対してだけではなく、乗せられてトイレの床を舐めた女の子に対しても「あなたも言われたからって、そんなことをするんじゃありません！」と、同じように強い口調で諭していましたが、この先生のとられた態度は教育者として、厳しくもフェアなものであったと思い返すことが出来ます。

このようなことがあった他にも、ある日、風邪を引いたと思うのですが、授業中に気分が悪くなり、授業後、先生に早退を申し出て家に帰ったことがあったのですが、この時、先生は帰宅途中、家に立ち寄って下さったのですが、子供心にも礼を失してはいけないと思い、横になっていた布団の中から起き上って頭を下げる自分に、先生は玄関の所でニコヤカに手を振っておられました。「絆」等という言葉を殊更意識しなくても、これが自然と生きていた昭和四〇年代の、懐かしく、そして温かな思い出です。

東日本大震災があった後、絆の他によく見聞きした言葉として「がんばろう日本」や「ひとつになろう日本」がありましたが、団結を呼び掛けるこの言葉の輪の外に追いやられた人達がいます。

当時、首相だった民主党の方を始め、政府の主要な立場にあった人達です。

原発事故というかつてない国難に直面し、生活や経済、健康等の面で多大な重圧が掛かる日々を送らされる中、この怒りを、一体、どこにぶつけたらいいのかを思う時、「判官贔屓」等という言葉が度々使われるような国民感情からも、国や政府がその対象として、一番、手っ取り早いのでしょう。

こんな言い方をすると、どこか違和感のある人もいるかも知れません。自分達の生活上の不満や鬱憤をぶつけるのに打って付けの相手、揶揄の対象として定番化している感があるからです。別に政府の肩を持つ訳ではありませんが、このような安易な、少なくとも自分にとっては安易だと感じられるようなやり方で、他の人達の共感を引き出そうとは思いません。

原発事故後、民間や国会、政府事故調等によって、様々な事実や問題が明らかにされました。

当初は、民間事故調が功罪の〝功〟としていた、東電の社員が福島第一原発の事故現場から第二原発へ撤退しようとしたのを首相が思い止まらせたとしていたものが、後に大手の新聞社が誤報だったと謝罪したように、実は、東電の社員は現場から逃げ出そうとしたのではなく、高線量の場所から一時的に退避し、すぐに現場に戻れる第一原発構内で待機し、そこで所長からの指示を待っていたというのが事の真相だったのですが、少なくとも事故の起きた当時、この国で一番の重責を担っていたのは、首相始め、政府の主要な立場にあった人達であることは間違いありません。

結果が出た後から時間を掛け、あの時、どうするのがベストな方法だったのか？　その答えを出すのは比較的容易なことでしょう。けれどもあの時、一刻を争うかつてない国難にさらされた状況だったあの時、仮に自分が首相の立場にあったとしたら、後から誰にも批判されることのない指揮を執ることは出来ただろうかと、漠然とでもこのような思いを抱いた人は、果たしてどれ程いたでしょうか？

また、国会事故調は、当時の官房長官だった方の、事故の進捗状況を説明する際に多用した「直ちに○○するものではない」という言い方の安易さを指摘していましたが、あの時、当時の官房長官の言葉を借りて言えば、「東電側から全く情報が上がってこなかった」という状況の中、もし、自分が官房長官の立場だったとしたら、国民に向け、一体、どんな言葉を持ち得ただろうかと、考えた人はいたでしょうか？

事故があった最中でも、政府のやり方を批判している人はいましたが、中には新聞等の紙面上で首相に対し、「お前が現場で処理に当たってこい！」等と言葉を荒らげている人さえいました。別に自身と信頼関係を築いている間柄でも、また、上下関係にある訳でもないのに、相手に対してお前呼ばわりしたり、いや、たとえ自身の地位がその者の上にあったとしても、決して快いものではない命令口調ということだけではなく、これ程まで相手に対し厳しい言葉を浴びせるのなら、自分自身が現場で任務に当たってもいいという覚悟があってこそ、あるいは、実際に自身が現場で任務に当たってから発言するべきだと感じます。

小学校の体育館等で避難生活を余儀なくされている人達を、俳優やミュージシャン等の有名人が慰問する光景はマスコミの報道等でよく見聞きしましたが、当時の首相が訪ねた際、これを通り一遍のものと感じたのか、避難生活をしている人の中には「もう、帰るんですか!?」と声を上げ、憤慨している場面がありました。この人達の心情を考えた時、ロクに温かな食事を摂ることにも恵まれず、また、冷暖房の効かない所で夏冬を過ごさなければならず、住む家と職を失い、先の見えない極度のストレスにさらされている、このような状況下では、思わず声を荒らげてしまうのも無理のないことだと思いますが、こういう立場にはない報道陣の中には、首相が分刻みのスケジュールで職責をこなさなければならない事情を知っているにもかかわらず、首相が心を持たない冷たい人間だとする旨を記事にしている者がいました。政府による政策は、自分達の生活に直接関わってくることなので、厳しい目が向けられるのは当然だとしても、こういう本筋から逸れた部分での、安易に人間性を中傷するようなやり方は、それこそ心ない行為だと感じます。そこには、本人が意識しているにせよ無意識にせよ、支持率の低い内閣のその長である者に対してなら、何を言ってもいい。受けこそすれ、批判されること等ないといった思いが見え隠れし、自分等は、むしろ、こういう心根に対して、どこか嫌悪感を覚えてしまうものがあります。

誰か一部の人間を疎外したり悪者にした上で「皆で一致団結しよう」等という、〝美しい日本の人達〟の輪に、自分自身は加わりたいとは思いません。

二〇二〇年夏季オリンピック開催地としての、招致のためのプレゼンテーションでは、日本の美点が並べ立てられました。勿論、これらについて否定するつもりはありませんが、同時に、例えて言うなら、二回目の総理大臣に就任した際の所信表明演説として安倍首相が、経済や防衛、教育等、日本を取り巻いている様々な「危機」に言及されていたのに対し、最初に総理に就任した時には時代錯誤にも感じられた、「美しい国、日本」等という言葉に通じるものを感じてしまったのも事実です。

東日本大震災から四年が経過しましたが、自分ら日本人は、本当に変わることが出来ているのでしょうか？

震災の起こった当時、被災地では、極限状況にある中で略奪行為等もせず、人々が列を作り、コンビニで自分の順番が来るまで待っているといった、このような節度ある行動をしていることを、あるいは昨年行われたサッカーのワールドカップで、日本人の観客が、ゴミの後片付け等、使用した客席周りのケアをしていたことを海外のマスメディアが称賛していましたが、こういう一面だけで日本人を語り尽くすことは出来ないことを一番分かっているのは、自分ら日本人に他なりません。

五年後に迫った東京オリンピックの際、我々日本人は、加害者が「誰でもいいから人を殺してみたかった」等と口にする殺人事件が増えていたり、高齢者が多額の現金を騙し取られる事件が日常的に起きている。あるいはＬＩＮＥを利用するという、当事者以外には分かりづらい悪質化したいじめもあり、また、その件数が増加の一途を辿る児童虐待等々について素知らぬ顔をした上で、あくまでも世界の中の〝いい人〟として、外国の人達を迎え入れるつもりなのでしょうか？　日本人が本当に変わりたいと思うなら、理想的な国民に近付きたいと願うのなら、美化された自分達の姿に酔う前に、ありのままの姿を見詰めるところから始めるべきではないでしょうか。

本書は、昨今、自分の耳に残った、人々が口にしたその言葉を契機とし、言葉を駆使して創作活動に取り組む者として、言葉について思うところをしたためたものです。勿論、そこにはいい意味で刺激を受けたり感銘を受けたものもありますが、残念ながら、負の感情や悪意が指し示していると感じられるものに遭ってしまったのも事実です。

　本書は決して優しくはない。読者にとって、必ずしも快い響きを持った言葉ばかりが並べ立てられている訳ではありませんから、途中、読まれていて感情を乱されるところが多々出てくるかと思いますので、ひょっとしたら、そこで本を閉じられてしまう方も多いかも知れません。それでも、そのことを承知の上で、自分自身、この著書に対して臨んでみようと思います。負の感情や悪意が指し示すものとは違う方向へ指差したその手を掲げてみようと思います。日本人の平均寿命の、その半分を過ぎている自身の年齢を考えた時、エスカレートしていると感じられる日本人の負の部分について見たり聞いたりするためなんかに生を享けた訳じゃないという思いがあるからです。もし、自分の残りの人生を、「自身の心」が拒んでいることに対してただの傍観者になってしまったら、日本人として生まれたことに悔いが残るからです。同じ方向を指差すその数に一〇万も二〇万も必要とはしません。自分以外に二人いて下されば十分です。

第一章

言葉は他者を攻撃するための凶器としてあるのか

ご機嫌如何ですか？　水野春穂です。

「アホちゃう!?」

自民党で、ある方が首相を務められていた当時、この方の漢字の誤読がマスコミの報道で話題に上っていた頃に電車の中で、同氏の国語力に対してこのような言葉を耳にしたことがありました。また、お笑い芸人やタレント、著名人らの中には、TV番組等の中でこの方をネタにして揶揄し、笑いを取っていたりしましたが、厳しい言い方をすれば、これらは自分自身についての無知の表れだと思います。

ご機嫌如何等と聞いておきながら、いきなり快くない言葉を口にしてしまったかも知れません。勿論、自分も、身内や仲間内で常識外れな漢字の読み間違いをした者がいたら茶化したりもするし、同様にTV番組等で、タレントがとんでもない間違いをした時には、やはりおかしさを感じます。けれども、こういうことを敢《あ》えて揶揄する対象としているのを目にする時、おかしさを感じると同時に、どこか嫌悪感があるのも事実です。

自身を顧みる、その一呼吸置くものがないからです。

一部の極めて学力の高い人達を除き、程度の差こそあれ、誰しも、新聞や本等を読んでいて読めない漢字が出てきたり、あるいは誤読していたということはあるでしょう。

当然、自分だってあります。中には、さほど難しくない漢字を読み誤ることだってあります。例えば「県境」という表記については「けんざかい」と読むものだと認識していますが、あるTV番組に一般の方が出られた際、テロップに被せて「けんきょう」と言っていたりするのを目にすると、「あれ？『けんきょう』という言い方でもいいのか？」と、確信が持てなくなったりもします。

　こんな調子ですから、ニュース等で、時折取り上げられる、日本人の国語力についての話題で、これは一体何と読むのかと、例題として取り上げられる、例えば、国語辞典の説明の一つにある「差し引いて、互いに損得がないようにすること」を意味する「相殺《そうさい》」という漢字について、おそらくは、普通に「そうさつ」と読んだら間違いなのだろうことは想像が付くも、正解に辿り着くこととはまた別ですし、あるいは中華料理等でお馴染みの「ふかひれ」は、普段は、そのままの平仮名か片仮名の「フカヒレ」として頭の中に入っていますから、もしこれがメニューに「鱶鰭」という漢字の表記のみで載っていたとしたら、後ろに「姿煮」であるとか「スープ」とでも付いていてくれない限り、勘が働くことはないでしょう。この他、「毒島」と表記して「ぶすじま」と読ませる人名についても、これが一度目にしたら忘れようのないものであっても、初めて目にした時には〝ぶす〟に思い至ることはありませんでした。

　ちなみに、何故、このように読ませるのかを考えた時、器量の悪さを意味する言葉の「ブス」

は毒に等しいという、自身の容姿にコンプレックスを感じている人に極めて感じの悪さを抱かせるような、それこそ〝毒舌〟的発想から来ているのか？　と思ったりもするのですが、これは単に自分の推測ですし、それに何を美しいと感じるのか、その感覚は人それぞれですし、また、時代と共に変化もすれば、国によっても違うでしょう。あるいは〝心の醜さ〟は、容姿を指すものとは比べものにならないくらいのブスだと形容されて然るべきものだと思います。

「毒島」と表記して「ぶすじま」と読ませるこのような例を見た時、漢字を読む力というのは知識に依るところだけではなく、とんちを利かせたり（もっとも毒島に関しては、自分の推測が正しいのかどうかは別として）、センスが必要となるものなのでしょう。これは、例えば、自分の子供に名前を付ける場合、昨今、凝った名前を付ける親も少なくないですが、その中には「星」と表記して「きらら」と読ませるケースがあること等からも、真実と言えるのかも知れません。この考え方に沿って言えば、新聞の三面記事等でたまに目にする「美人局」と表記して「つつもたせ」と読ませる漢字について、この表記の仕方でいいんだったら、例えば「艶謀局」と表記してこのように読ませてもいいのでは？　個人的にはそう思ったりもします。

まあ、このことはさて置き、昨今、やたらと画数の多い漢字をタレント達に答えさせるようなＴＶ番組を目にすることも多いですが、仮に自分が解答者の立場になったとしたら、それ相応の用意でもしておかない限り答えられるものではありません。余程の高い学力を持つ人か、あるいは漢字検定に挑戦しようというような人でもない限り、極めて！　少なく見積っても、読めない漢字の一つや二つあるのが普通ではないでしょうか。

けれども、これが人を貶めるための中傷の材料となってしまうのだとしたら、随分と不幸な国に生まれ、また、精神的に貧しく稚拙な時代を生きているんだなと感じます。自分が一体何を知り、どれだけのことを活用出来ているのか、自分がどれ程の者なのかを考えれば、他者に対してどうこう言うレベルにないことに思いが至るのもまた、自然なことではないでしょうか。

それなのに、自身を顧みるよりも先に、他者を揶揄して面白がる時代の雰囲気……。

国語力について揶揄されていた首相の許で官房長官を務めておられた方が、この揶揄する声に「民度が低い」と発言したことに対し、自民党には批判の声が集中したそうですが、むしろ、こういう行為に訴えることに当たり前ではないものを感じてしまいます。他者に対し、無責任に言葉をぶつけるのは良しとしながらも、反対に自分がその立場に置かれるのは嫌う……。あるＴＶ番組の出演者の中には、「バカにバカと言って何が悪い⁉」と開き直っている人さえいました。

場合によっては、開き直ることも自身を救う一つの方法だとは思いますが、人間、開き直ることに慣れ切ってしまったら、そこに残るものは「醜さ」だけでしょう。そして、この人自身、余程自分に自信があるのかも知れませんが、このような言葉が簡単に口を衝いて出るような方とは、自分は心を交えることが出来そうにありません。

昨今、日本でもBS放送でメジャーリーグの試合を見ることが出来ますが、松井秀喜さんが選手として在籍していた頃のニューヨークヤンキースの試合で、こんな光景を目にしたことがありました。

――その試合は、アンディ・ペティットというエース級のピッチャーが、一本のヒットも許さず、且つ一人のランナーも出さない快投を続けていて、イニングが進むに連れて、大記録達成の期待が球場全体に高まっていったのですが、後七人のアウトを取ればパーフェクト達成という、これが現実のものになろうとしていた七回の二アウトまできた時、三塁手のエラーで偉大な記録がふいになってしまったのです。

守っている野手にしてみれば、当然、緊張もあったのでしょうが、解説者も「これはニューヨークのメディアが厳しいコメントをするでしょうねえ」と言うくらい、何でもない普通の打球で、また悪いことに、通常、その三塁手はアレックス・ロドリゲスという四番を任されているチームの主軸の選手であるはずなのに、ちょうどその日は監督が休養に充てさせていたので、守っている選手は、トレードで新しく入団してきた控えの選手だったのです。

その回を終えてベンチに引き上げてくる際、エラーをしてしまったその選手は、相手に対しての申し訳なさと自身に対する不甲斐なさからか、軽く頭を振りながら肩を落としていたのですが、この時、ヤンキースのベンチ内でどんな光景があったのかを、後にレポーターが伝えてきたのですが、チームメイトは、大記録を逃してしまったピッチャーに対しては勿論のこと、これ以上に、エラーをしてしまったこの控えの選手を、皆が気遣っていたそうです。そこには、「下手な奴に下手と言って何が悪い⁉」といった雰囲気は微塵も感じられませんでした。

勿論、一国の首相と控えの一選手とでは、求められるものが違います。けれども、首相だから控えの選手だからという以前に、他者に対する態度として、自分の心は、ヤンキースの選手達に大いに惹かれるものがありました。

漢字の誤読の件に関してだけではなく、不特定多数の人間が日常的にインターネットを利用している昨今、パソコンや携帯電話の画面上等には、時として、負の言葉が氾濫することがあります。単に心なく他者を誹謗・中傷するためという以外でも、「炎上」と表現されるようなケースで――。

自分が嫌いな言葉の一つです。やはり、これも自身を顧みるものが感じられないからです。

人間関係において、自分はそのつもりがなくても相手を傷付けてしまったり、あるいは怒らせてしまったというような経験は、多かれ少なかれ、誰もがあることではないでしょうか。自身のケースで言えば、『隣の殺人者』の推敲をした際、冒頭、言葉が足りず、誤解を招き兼ねないと感じる件《くだり》がありました。

主人公の三田が、セルフサービスのガソリンスタンドで会計をする際、店に設置してあるテレビの画面の中にテロップされた、臨時ニュースの内容を目にした時に感じた思いを語っている件ですが、まずは改訂後の文章をご覧になって下さい。

セルフサービスのガソリンスタンドで会計しながら、壁掛式の液晶テレビの画面へ目を向けていたら、グルメレポーターが言葉のパフォーマンスを披露している最中、臨時ニュースを告げるチャイムが鳴り、テロップが映し出された。

〝K県G市で起きた中学三年の女子生徒殺害容疑で交際相手だった高校一年の男子生徒を逮捕〟

つい、この間も、都内にある大学の教授が殺害された事件で、教え子の男が容疑者として逮捕されたという報道があったばかりだというのに……今度の犯人は高校生か……おそらく、動機は交際におけるトラブルといったところだろう。

嫌な刺激に満ちた事件が多い昨今、何かひどく陳腐な事件に感じられてしまう。

凶悪な事件が頻繁に起きている昨今、ＴＶで目にしたこのニュースが、相対的に特別な重大事件に感じられないという三田の思いは読者に伝わったかと思うのですが、改訂前は誤解を招き兼ねない、次のような表現をしていました――。

ついこの間も、都内にある大学の教授が殺害された事件で、教え子の男が容疑者として逮捕されたという報道があったばかりだというのに……今度の犯人は高校生か……おそらく、動機は交際におけるトラブルといったところだろう。陳腐な事件……。

どうでしょうか？　この言い方だと、読者によっては、事件を軽んじて論評しているかのような印象を持たれるかも知れません。けれども、表現の仕方を変えただけで、自分が表現したかったその思い自体は変わった訳ではないのです。

そして、仮に、これが小説の中の主人公の言葉ではなく、自分自身が現実にあった事件について、ネット上等でこのように表現していたとしたら、「決してそんなつもりで言ったんじゃないんだ」という内なる心の声を自身が耳にする間もなく、厳しい非難にさらされてしまうかも知れません。

一体、どれ程の人が、漠然と胸の内にある思いを、どんな時でも正確に言葉に表すことが出来るのでしょうか。そして、どれだけの人が、何気なく口にした言葉で、たとえその言葉に悪気はなくても、これにより人間関係を損ねたこと等一度もないと言い切れるのでしょうか。そもそも、自分らは、いつ何時、如何なる局面においてもノーミスで、常に人から称賛される言動と振る舞いが出来る存在なのでしょうか。

自身に対してこのように顧みる気持ちがあれば、たとえ他人が、自分の感覚では不快と感じられるような言葉を口にしているのを見聞きしたとしても、これが即、他者を攻撃する行為には繋がらないはずです。本人の顔が見える形での発言なら、まだ納得は出来ますが、ネット上等での顔が見えづらい形を取り、これを盾にしての放言や暴言は、特に同調意見を多く得ての群集心理を働かせ、その勢いに乗じての、感情を剝き出しにした言葉の羅列は、余りにもアンフェアで酷《むご》いものだという思いを禁じ得ません。

中には、自分が正義の鉄鎚を下しているのだという思いを抱いているかのような人達もいます。

そもそも正義って、一体、何でしょうか?

自分自身、裁判官であるかのように、正義を語ること等決して出来ませんが、正義の一端を垣間見ることは出来ます。

雑誌か何かで目にしたと思うのですが、『アンパンマン』の作者である故・やなせたかしさんは以前、お腹を空かせた人達に、アンパンマンが自分の顔を食べさせてあげる行為には、「正義を貫くのは痛みを伴う」という思いがその根底にあると語っておられました。

思えば、至る所で食品の偽装問題が相次いだ二〇〇七年、その象徴とも言えたある食肉加工卸売会社で内部告発を行った方がいましたが、一口に内部告発と言っても、これはワンマン経営の下で働かされていた他の従業員達の生活していくための手立てを奪い、自身も職を失うことを意味します。このことにご本人も逡巡し、また、実際に告発を行ってからも、このことが元で家族との間に亀裂が入り、一時期、別々に暮らさなければならなかったことを、ご本人がTV番組に出られた時に知りました。

人それぞれに思うところの正義というものがあるでしょうから、一概に正義の何たるかを語ることは難しいですし、語ることも出来ませんが、少なくとも、このようには感じます――自身、何のリスクもない所に身を置き、ただ相手を痛め付けるだけの行為が決して正義等ではない。

現在、誰もが気軽にネットを利用出来るが故に、考えるよりも遥かに先行し、自身の感情に任せた発言をしているケースも目立ちます。

例えば二〇一二年に、旭山動物園で一羽のフラミンゴが脱走したということがありましたが、この時、捕獲するための方法として、このフラミンゴが姿を見せている池で、檻に他のフラミンゴを何羽か入れ、これを囮として逃げていたフラミンゴをおびき寄せ、その隙に網を使って捕まえるという案が実行されたものの、その前に檻にキタキツネと見られる野生動物が入り込んで、囮に使っていた二羽のフラミンゴが食べられてしまうという事態が起きました。

この時、旭山動物園及び捕獲の方法を実施した園長に対して多くの非難の声が寄せられ、その中には「一羽のフラミンゴを捕獲するのに、二羽のフラミンゴを死なせるってどういうことですか⁉」であるとか、「もう、あなたの所の動物園には行きません！」というものがあったことを、あるＴＶ番組で知りました。これらは共に動物を愛する者の一人であるが故の言葉であることは十分分かりますが、例えば「一羽のフラミンゴを捕獲するのに――」という非難について、このような危険性があるかも知れないことを事前に指摘するのなら別ですが、事が起きてから声を上げるというのはフェアではないものを感じますし、また、経営難で存続の危機にあった状況から、それぞれの動物の特性を第一に考え、見せ方を工夫する等して人気のある動物園へと変えることが出来たその園長ならば、誰よりも動物に対する愛情は深いのでしょうから、決して死なせたくてフラミンゴを死なせた訳ではない。また、それ故、一番心を痛めているのは園長本人であることは、冷静になって考えれば分かるはずだと思いますし、「もう、あなたの所の動物園には行きません！」等と、自身の感情に任せ、心を痛めているはずの相手を更に傷付けるような発言は避けられたはずでしょう。

どうして相手を理解しようとするよりも、相手を攻撃しようとする気持ちが勝ってしまうのでしょうか？

相手の気持ちを思う前に、一方通行に自身の言葉を口にする――。

もし、相手と面と向かって話をした場合、時として、図らずも相手を傷付けてしまったり、怒らせてしまうことはありますが、これが分かるのは相手の表情を目にすることが出来るからです。その際、仮に自分の言っていることに間違いはないと思えたとしても、「他に言い方はなかったのか？」と、自身を顧みることも出来るでしょうし、あるいは相手と直接話すことで誤解があったことが分かり、理解に至ることだってあるでしょう。

近年はフェイスブック等のコミュニケーションツールもあるとは言え、個人的に、ネット上で一方的に発言したり、あるいは他者との関係を築いたりすることの危うさを感じることの決定的な理由がここにあります。

更には、このようなネットの利用には、言語道断な殺害予告だって決して少なくはないという現実があり、発信者として警察に逮捕された際、「ジョークのつもりでやった」等という言い分さえあります。このような発言をする人は、もし、自分や自分の家族がネット上で殺害予告をされた場合でも、「ああ、相手は冗談のつもりでやっているんだろう」等と安閑としていられるのでしょうか。

また、バーチャルの世界のみならず現実の空間においても、言葉が凶器として使われることだって数多くあるようになってしまった現在の日本では、駅構内等で肩がぶつかり合ったことで口論となり、殺傷害事件に発展するケースだって少なくなく、その中には、ラーメン屋の店内で、座席を巡りトラブルになった相手に暴行を加え死亡させた後、まるでリセットボタンを押しさえすれば、問題なくゲームを再開出来るとでも考えているかのように、殺害後も、どうせ刑務所に行くのだからと、「最後の晩餐だ」等とうそぶき、店に残って食事をしていたという者さえいます。同様に、譲れ譲らない等の交通トラブルから、スコップで殴り付け、倒れた相手を車で轢くという常軌を逸した暴挙に出る者がいるどころか、自ら頭に血を上らせて凄んだ相手に恐怖心を抱かせ、その者が急発進させた車に飛び付いたものの、振り落とされて絶命するという者までいますが、果たしてこれは、自身の命が懸かってしまうような、同時に、相手が殺人の罪を犯すことになるような事案なのでしょうか。こういったものは、わざわざ押し通す必要のない〝畳一畳分程の自我〟でしかないと感じますし、その一畳分の自我に入ってきたことを〝領空侵犯〟したものと見なし、敵意を露にする……公共の場が、このような空間であっていいはずがありません。

ある日の日本人の光景として、こんな話を聞いたことがあります。

——混み合っている電車内で、ある人が、隣り合って立っている人の足を誤って踏んでしまったことがあったそうなんですが、この人がその相手に対し、「すみません」と謝ったのは勿論のこと、足を踏まれた人も、同じように「すみません」と口にしたそうです。

相手の足を踏んでしまった人がこの言葉を口にするのは分かります。が、足を踏まれた人が、どうして同じ言葉を口にするんだろうかと、この話を聞いた時、同じ日本人ながら、軽いカルチャーショックを受けたのを覚えています。おそらく、これは相手に気を遣わせてしまったことに対してか、あるいは、踏まれるような所に足を出していた自身の落ち度に対してなのでしょう。

昔、映画評論家の故・水野晴郎さんが海外で現地レポートをした際、誰だったかについては記憶が定かではなく、確か『００７ゴールドフィンガー』に出演していた日系のハロルド・坂田という俳優の方だったと思うのですが、水野さんは、この坂田氏から好意的なニコヤカな態度で、こう口にされたそうです。

「俺ら、日本人のことが大好きだ」

その口から負の感情に任せた言葉や悪意を孕んだ言葉が吐き出されることだって多いという、こんな今の日本人を見て、もし御健在だったとしたら、果たして、坂田氏は同じ言葉を口にすることは出来るのでしょうか。

社会生活を送る上で他者との関わりをスムーズにさせるはずの感謝とか謝罪、あるいは気遣いといった、負の感情や悪意とは反対にある言葉を、友人関係や利害関係にあるような場合を除き、普段、なかなか見聞きする機会が少ないだけに、このような言葉を口に出来る人に出会った時には、軽く尊敬の念を覚えたりもします。

例えば、以前、デパートでエレベーターを使用した際、中に乗り込み扉が閉まる寸前、外側に設置されてあるボタンを押して再び扉が開く状態にし、「すみません」と頭を下げながら乗り込んできた中年の女性がいました。エレベーターが設置されてある所ではよくあることなので、こちらは、そのまま聞き流していたのですが、この方はエレベーターを降りる際にも、同じように「すみません」と口にし、頭を下げて行かれました。

「何もそんなご丁寧に……」と思うと同時に、こういう時には、こちらも何か一言あって然るべきじゃないのかとも感じたのですが、思えば自分自身、人に対し「すいません」とは口に出来ても、「すいません」と口にした人に対して軽く会釈する程度のことはあっても、「すみません」の言葉に対して掛ける言葉はなかったと……。

いや、どんな言葉が適当なのかは分かります。「気になさらないで下さい」「どうか気になさらずに」……ただ、改まって口にするのは、どこか気恥ずかしい……。感覚的なもので理解してもらえるかは分かりませんが、日本人の気質というものを考えた時、同様の感覚を持たれる人も、少なからずいるのではないでしょうか。

だからこそ、自分が以前聞いた、ある日の日本人の光景——混み合っている電車内で、足を踏んでしまったことについて謝罪の言葉を口にしたその人だけではなく、足を踏まれた人も同様の言葉で返したのではないでしょうか。勿論、そこには、相手に気を遣わせてしまったことに対してや踏まれるような所に足を出していた自身の落ち度に対するものもあったでしょうけれども、こういう気持ちもあったはずです――「どうか気になさらずに」。

そもそも、当たり前であるはずの人とのやり取りは、世界に目を向けた場合でも、当たり前のようにあることに気付きます――「Ｓｏｒｒｙ」と口にした相手に返す「Sorry about that」等の言葉として。こんなやり取りも満足に出来ないで、果たして日本人は、海外から「礼儀正しい」等と称賛されるに値する資格があるのでしょうか。

以前、自分が耳にしたある日の日本人の光景……あれから時代は進みましたが、自分ら日本人の中身は、果たして進歩していると言えるのでしょうか。

また、尊敬の念を覚えるのは、必ずしも自身の人生に年輪を刻んできた人に対してばかりではなく、自分よりも遥かに年少の人から学ばせてもらうことだってあります。

車の運転中、交差点を曲がろうとした際、横断歩道を歩いてきた歩行者に気付くのが遅れ、ひやりとしながらブレーキを踏んだというような経験は、車を運転している人ならあるかと思いますが、以前、このような状況下で出会った一人の少年のとった態度が、とても印象に残るものでした。こちらがブレーキを踏んだ際、その少年は頭を下げながら、掌を上に向けた状態で手を差し出し、どうぞ渡って下さいという態度をとったのです。

見ると、柔道、あるいは空手を習っているのか、道着を身に纏《まと》っていて、「ああ、こういう子って、おそらく、礼に始まり礼に終わるといった、礼節を重んじる教育を指導者から受けていて、これが身に付いているんだろうな」と感心しただけではなく、確かに指導されている方の教育の賜物でもあるのでしょうけれども、これを道場の中だけではなく外でも実践出来ている。しかも誰が見ている訳でもなく、また、自分と利害関係にある訳でもないのに、このような態度がとれることに尊敬の念さえ覚えると同時に、この少年に対し、軽く手を上げて応えるだけの大人の自分のこの行為が、果たして妥当なものなのかと考えていると、自然とこちらの魂も高められているのをふと感じ、このような素晴らしい魂に出会えたことに対する喜びだけではなく、感謝の念すらありました。

けれども、自分が出会ったこういった人達の言動や振る舞いが素晴らしいと思えるのは、やはり、これが稀少価値を持っているからであって、世の中全体を見渡せば、ネット上等の言葉の暴力に止まらず、日常的に起こる残虐な殺人事件や強盗傷害事件、または児童虐待。あるいは、極めて自己中心的な思いから、電車内で携帯電話の使用を注意した人を刃物で切り付けるといった事件等も目立ち、加えて、常にどこかに潜在していて、これが何かを切っ掛けとして、一気に表沙汰となる小、中学校、高校等で起きているいじめの問題――。

ひょっとしたら、人々のこういった振る舞いの数々は、なかなか思うように再生していかない社会の中にあっての、不安定な心の状態に端を発しているのかも知れませんし、また、吉本興業の方等は、人の心を和ませる手段として「笑い」をキーワードに挙げていたりします。その代表的な舞台喜劇である『よしもと新喜劇』は、関西地方ではTV番組としても定期的に放送されているようですが、東京に住んでいる者にとっては、いつどこで放送されているのかもよく分からず、たまにTVのチャンネルを切り替えていた際に偶然目にすることがあるのですが、よく「こてこて」と評されるその笑いは、自身、表現者の一人として、自分がこういう表現をしたいと思うかどうかは別として、確かに見る者の気持ちを明るくさせても、不快にさせる要素は一つもありません。

あるいは、以前、マスコミ関係の仕事をしている旧友に連れていってもらった飲食店では、本業だけで生計を立てていくのは厳しいのか、ある若手の女性お笑い芸人さんがアルバイトをしていたのですが、彼女の、店に来る客達に楽しい時間を持ってもらおうとするその姿には、敬意さえ覚えました。

しかし一口にお笑いと言っても、芸人やタレントによって、当然、その表現方法は様々であり、中には、人の心を和ませるという、本来、お笑いが持っている力や価値とは正反対な、暴言まがいの、余りにも礼を失した他者に対する攻撃的なやり方で、これが今の日本の側面を象徴するものであるが故に、ある意味、当然なのかも知れませんが、売れっ子としての地位を築いているような者もいます。

ただ、本人からすれば、こういう言い分もあるのでしょう――「売れているというその結果、これが正義だ」と。

果たして、結果＝正義でしょうか？　自分は、そうは思いません。

結果と言うものについて確実に言えることは、これが事実であって、必ずしも「真実」ではない。つまりは、必ずしも〝質〟を兼ね備えたものではないと。

また、このことは自身に置き換えた場合でも、常に胸の内に持っておきたいことでもあります。と言うのも、「結果＝正義、真実」となってしまったら、自身について顧みる機会を失ってしまうからです。

軽視を伴った、他者に対する攻撃的な言葉を駆使したやり方が笑いの真実であるとは思えませんし、また、負の響きしか持っていないような言葉が公共の電波に乗り、耳にする多くの人の心に、いい影響を及ぼすとも考えられません。

あるいは、自身が取り組んでいることが仮に真実であったとしても、自身そのものが正義となってしまうことの危うさを感じるケースだってあります。

例えば、常人には真似の出来ない、プロという世界で自身の才能を発揮している人達の中には、それ故の思い上がりからか、周囲に対する無礼な振る舞いをしたり暴力沙汰を起こしたりして、自身が身を置いている世界に留まることが困難になった際、才能を評価して擁護する声が一部で上ったりすることがありますが、こういう言い分には妥当ではないものを感じます。子供の情操教育等という大そうな言葉を口に出来るような、子供の手本となれるような人間では、自分自身決してない、日頃、自身が教育的指導を受けそうなところが多々あるような人間ではあるのですが、この、自身の〝ダメっぷり〟については後程言及させて頂くとして、擁護の理由が、単にその人の才能だけだったとしたら、人々を引き付ける華やかなプロという世界から何かと影響を受けるであろう子供達に、「勉強が出来れば、スポーツが得意だったら、あるいは歌や絵が上手ければ、何をやってもいいいんだ」というメッセージにもなり兼ねないのではないでしょうか？

自分について顧みることなく、自身が正義、真実であると捉えたかのような、他者に対する攻撃的な言動と振る舞い……。

いや、自身をこんな風に捉えていなかったとしても、世の中には、「むしゃくしゃして……」であるとか「誰でもいいから殺してみたかった」「死ぬかも知れないとは分かっていたが刺してみたかった」等という身勝手極まりない思いにより、何の落ち度もない人達が殺傷事件に巻き込まれるといった報道を見聞きすることだって、全く珍しいことではなくなっている昨今、せめてお笑いの手法くらい、本来の、人の心を和ませるようなものであってほしいと、個人的には思います。実際、バラエティ番組の中には、以前、ある著名人をネタにして侮蔑的な表現を用いたことから番組が終了に追い込まれたり、あるいは、ある化学の実験で一躍有名になったものの、一般人の身であるにもかかわらず、この人の失策を番組内で面白がるような表現をしたことから、放送が中止になったということがあったのですから。

もっとも、こういった「人権に配慮した表現」に注意を払うということは、表現者の一人として決して他人事ではなく、より自分の世界に近い所でも、例えば、TVドラマの主人公の女の子に付けられたあだ名がデリカシーのないものとして非難されたり、あるいは小説の中で、実在する町の出身である登場人物をモラルに欠ける人間として受け取られ兼ねないような描き方をして問題になったりすることがありますが、本当に、これは「対岸の火事」ではないと感じます。自身の著書に関しても、改めて客観的に見た場合、軽口を叩いているような場面、つまり、自身、どこかに気の緩みがあるような所では、特に注意が必要だと感じました。執筆しているその時には気付かなかったものの、時間を置いて冷静に見た場合、我ながら〝毒気〟のある表現をしている箇所も多々あり、実際、知人の中には「意地悪」だとする声もありました。

自作の小説の主人公の言葉を借りて言うなら、「この私が⁉ なだぎ武さんが自伝小説の『サナギ』を出版する際、あるスポーツ紙のインタビューで『意地悪で下品なお笑いはしたくない』とコメントしていたのを目にし、好感と共感と敬意を覚えたこの私が、意地悪な表現をするとでも⁉」とは思ったものの、少なくとも「毒素含有率０」の表現ではなかったことは確かです。

いや、こんなことを言い出したら、手紙による〝世紀末の殺人少年〟の告白の場面――実際には、少年の友人だったとする田中という人物の語るその話が本当のことなのかという〝グレイゾーン〟にあるものではあるのですが――等、「毒々しいこと、この上ない」訳ですが、ただ、この点に関しては自己弁護させて頂きたいのですが、また、大変口幅ったいようですが、あの毒々しさは、悪というものを表現するのに、自身、誠実に取り組んだその「賜物」だと語るのは、自身に善意的な解釈をし過ぎでしょうか？

まあ、このことはさて置き、思い起こせば、以前、久米宏さんが書かれた本の中で、ご自身のエピソードを紹介されている件《くだり》があり、観客を前にして司会を務めたその席で、話の流れから客の笑いを誘おうと、「片手落ち」という言葉を用いた際、ご自身、ドキッとされたそうです。と言うのも、客席の中に片腕を失くされた男性の方がいたからで、その時は「しまった」と思ったものの、その男性が久米さんの言葉に笑っているのを目にし、救われた思いがしたと同時に、「笑い」や「軽口」は人を傷付ける可能性も十分孕《はら》んでいるのだから、注意しなければならないとも感じたそうです。

お笑い芸人やドラマの脚本家、作家等の、人権に対する配慮を欠いた表現、あるいは政治家の失言に対し、マスコミは問題だとして取り上げ、また、自分らは批判の目を向けますが、同時に感じることは、問題とされたことに対しては、確かに自分は「セーフ」の立場にあり、相手を批判出来る権利を持っているかも知れない。でも、自身が「アウト」とコールされる局面に置かれることだってあるはずだろうと。と言うのも、繰り返しになりますが、自分自身、ノーミスで、いつ何時、如何なる局面においても、他者の規範となるような言動や振る舞いが出来る、そのような完全無欠な存在では決してないという思いがあるからです。

ここに「他者を批判すること」の難しさがあります。昨年、「現代のベートーベン」としてマスコミ等に持ち上げられた作曲家が、実は全聾を装っていたに過ぎず、且つゴーストライターの存在があったことに、マスコミや世間はこの人を厳しく非難し、あるTV番組の出演者の中には、全聾を装っていたことに対し、「耳を削ぎ落せ!」と声を荒らげていた者さえいましたが、それがどんな凶悪犯であれ、法による裁きの権限を持つ裁判長だって投げ付けたりはしないこんな言葉を耳にする時、他者を批判する時に大事なことは、批判の内容が的を射たものであることは勿論、果たして、自分自身、それ程の言葉で他者を非難出来る存在なのかと、どこかで自身を顧みる気持ちを持つことは絶対に必要なことだと。もし、こういう思いがなかったならば、他者を批判するその言葉は、ひどく人格、品格を欠いたものになるだろうと感じます。ましてや、単に口汚く相手を罵るだけのような行為は、批判でも何でもない。その人自身の人間性を映し出す「鏡」でもあると思います。

しかしながら、『隣の殺人者』の中では、自身、感情の乱れを感じながら執筆してしまった件《くだり》があったことも、また事実です。

冒頭、主人公の三田の言葉を通して語られる、実際にあった、離婚後、新たに出来た自身の恋愛対象と共に及んだ、実の親による我が子の虐待死事件を想起しながら書いたものがありましたが、その事件、ＴＶの報道番組では、以前には、どこにでもいるような睦まじい親子の様子がホームビデオに収められた、その映像を取り上げていて、曲がりなりにも作家の立場にある者として、どうして子供の虐待死へとつながっていったのか。この点について興味を覚えたことは確かですし、また、自分自身、相手に対し、「魂の醜さ」等と厳しい言葉を向けられるような人間であるのか？　と、自身の胸に問う気持ちもあったのですが、結果として、この親が選択したのは、子供の「盾」となってやることではなく、子供にすれば何の血のつながりもない、自身の恋愛対象でしかないその者と組み、命を奪うまで悲惨な虐待を続けたことに対し、また、親が救いを求める存在ではなくなってしまったその子の悲しみや絶望感を想像する時、小説の中で表現したものよりも抑えた表現には、あえてしたくありませんでした。

表現の自由が保障されていることによる表現の難しさと他者を批判することの難しさを思う時、自分は学びの途上にあることを実感しますし、これは、今後、創作活動を続けていく上で、常に、これを伴ったものになるのだと思います。

それでも、これらの点に関しては、自身、ある程度年齢を重ねているので〝及第点〟くらいはもらえるのかも知れませんが、創作活動に取り組む者の立場を離れた一人の人間としての、日頃の自身の生活ぶりに関しては〝自己採点〟でも、及第点にすら達していないケースだってあります。

例えば、夜、飲酒を楽しむのはいいのだけれども酔って寝入ってしまい、気が付くと夜中、中途半端な時間に目が覚めてしまいこれ以降眠れず、日中、平日で仕事を抱えているにもかかわらず、気分が優れない等珍しいことでもないですし、これが続けば、その反動で週末の休みの日にはたっぷりと寝溜めをしてしまい昼過ぎに起きたり……いや、昼過ぎとは体のいい言い方で、下手すると午後の四時頃にやっと目を覚ますという場合だってあります。そして、これは止むを得ないことと同時に〝確信的〟なことでもあるのですが、遅く起きた後ですることと言えば、長い時間を掛けてお風呂に入り、喉もお腹もカラカラにする。つまりは、週末の晩の飲食を存分に楽しむための、体調をピークに持っていこうとする計画的なことでもあるんです。

実際には、四〇歳以降、焼肉を食べる回数は激減したものの、それでも、「いつまでも、たらふくお肉が食べられる自分でいたい」と、ふとチャレンジ精神が沸き上がることもあり、果たせるかな、四〇半ばにして焼肉八人前完食と、〝キャリアハイ更新！〟した場合、「アンチエイジングだ！」と、その言葉の意味をどこか履き違える始末なんですが、ただし余りにも調整が上手くいき過ぎて、まだお腹に余裕があったりすると、本当の暴飲暴食を自身に許しているのは月に一、二回とは言え、LDL-C――通称〝悪玉〟コレステロール値が最悪一六四まで行き、且つ心臓の周りに脂がべったりと付いて、心臓の大きさが右側五〇に対して左側五六にまでなったことのある者としては、血液が〝どろどろ〟になり、脳梗塞や心筋梗塞になって倒れたりやしないかと不安が過り、さすがにこれ以上手を付けるのは控えるものの、やはりお腹に余裕があったせいか、結局は帰宅途中でコンビニに寄り、三〇〇キロカロリー表示のあるアイスを買って食べる始末なのです。

更には、その飲食を存分に楽しむのは、結果、「JRAという名の銀行」に預金することだって多いはずなのに、楽観的に翌日曜の競馬の予想で〝潤う〟ことを見越してのものだったりする訳で、実際に、簡単に四、五万のお金をすってしまった時等、もし結婚している身だったとしたら、奥さん（ちなみに文学博士であり筑波大学名誉教授である北原保雄氏によれば、自分の妻に〝さん付け〟するというのは間違いとの指摘が著書の中にありましたが、一般的な口語だろうと判断して使わせて頂きました）にお小遣いの前借りを頼み込まなければならず、小言を言われるか拒否されるかで肩身の狭い思いをしなければならないんだろうなと。更にそのようなことが続けば、積もり積もったものが爆発して遂には愛想を尽かされ、離婚にまで発展する事態になったとしたら、ひょっとしたら別れ際に「メタボなブタ野郎！」等と捨て台詞を吐かれるかも……等と想像すると、バリヤフリーならぬ〝ストレスフリー〟の独身の身で良かった～と実感するんですが、こんなお気楽な自身の姿を客観的に眺めた場合、ひょっとしたら児童虐待等、自身に問題を抱えている人の方が、ある意味、人間的なレベルが高いのでは？　と、ふと感じたりもします。と言うのも、四、五万程度なら笑い話にもなりますが、一日で一〇万近いお金をすってしまった時等はさすがに自己嫌悪に襲われ、こんな時、帰途につく電車内にある、石川遼さんがイメージキャラクターを務める英会話の教材の広告に目が留まったりすると、自身に対し、「こんなことしてる暇があったら、英単語の一つでも覚えろ！」という気持ちにもなるのですが、このような〝火傷〟は一週間程度で治る故、次の週には何の支障も来たさなくなる訳です。

いや、「ふと気付けば」一〇万円浪費してしまったというばかりではなく、勝手にハイリターンも十分見込めると、一レースに一〇万を超えるような金額を投資してしまうような行為を冷静になって考えた場合、もし、自分が学生の身で、親がこんなことをしていると知っていたとしたら、「アフリカや北朝鮮では、食べる物もロクに食べられない子供達だっているのに、ギャンブルに十万も注ぎ込むとは、一体、何事だ!?　頭を冷やせ！」とでも口にされるのがオチだろうし、また、都議会で「早く結婚した方がいいんじゃないのか？」との、いわゆる「セクハラやじ」があった時、「結婚したくても出来ない女性だっているのに！」と憤慨する声もありましたが、その中には経済的な理由に因るものもあるでしょうし、あるいは、昨年の夏、日本のGDPの成長率がマイナスに転じた中、TVのニュース番組がある家庭を取材した際、その家族は、「去年は泊まり掛けで旅行に行ったものの、今年は近場で済ませます」との夏休みの過ごし方を話されていましたが、こういった方々からも、お叱りを受けることは免れないでしょう。

それに対し、自身、何も反論する言葉は持てないものの、競馬の道楽に関しては「人間、必ずしも倫理に沿った生き方が出来る生き物でもないのではないでしょうか?」と、まあ、一つの科目くらい〝落第〟してもいいいか。タバコは吸わないし、酒グセが悪くて人にくだを巻いたり、暴力沙汰を起こしたりする訳でもない。ましてや危険ドラッグ等以ての外！　だと捉えているんだから……と考えたりする故、「旦那様、道楽で浪費すること等、どうか気になさらないで下さいまし♡」等と口に出来るような、と言うより、心からこのように思っている〝奇特〟な女性でも現れない限り、生涯、お気楽な独身生活を謳歌するつもりなのですが……いや、あくまでも自身が真っ先に思い付く〝落第の科目〟が一つだというだけであって、よく考えてみれば、他にもだらしない所や情けない所だってありますし、人として至らない所を指摘されることだってあるでしょう。

昨年行われた日米野球で、日本代表チームを指揮した小久保裕紀監督は選手達に、野球選手としてだけではなく、日頃の生活態度にも注意を払うよう説いたそうですが、仮に自分が野球選手だったら、代表入りに関して不合格の烙印を押されるのは必至です。

「なに～っ、休日とは言え、午後の三時過ぎになって起き出すとは何事だ⁉　また、性懲りもなく、競馬で無駄金使いやがって！　周りに脂がべったりと付き、心臓の大きさが左右均等ではなかった時期があるだと⁉　言語道断だ！　落選だ！　落選！」等と口にされる羽目になるかも知れません。倉田真由美さんの作品のタイトルの言葉を借りて言うなら、自分は「だめんず」の一人ですよ――声を大にして言うことではありませんが……。

けれども、これまで読まれていて苦言を呈していると感じられるかも知れないことは、本来、他者に対して厳しい言葉を口に出来るはずのない、こういう人間が、ごく自然と感じていることでもあるのです。使われる言葉が悪意を孕《はら》み、凶器とさえなっている場面に出会すことだって少なくない昨今、現に一面としてある、崩れていく日本人の、人としてのあり方について、危機感すら感じることも多々あります。

「日本人の、どこが崩れていってるんだ？」――こう思う人もいるでしょう。けれども、改めて自分がそれに反論するつもりはありません。

〝それを感じているのか否か？〟は感性の問題だからです。

そして、自分が言葉というものに対し、特に気を付けるようになったのは、本を執筆しようと思い立ったこととも無縁ではありません。始まりは、もし出版されることが叶った場合、不特定（多数とするのは口幅ったいものがありますが）の人の目に触れることも想定しておかなければならず、間違った漢字の表記や言葉遣いをしていたら恥ずかしいという思いからでした。これは、特に問題意識なく自然と身に付いていると思っている言葉というものに対し、漠然とした不安を覚えたからです。

よく考えれば言葉は、果たして誰から学び、何を通じて身に付けていったものなのか？　親や兄弟、親戚、友達、周囲の関係者、学校の先生や教科書、様々なマスメディアが使用しているこれらからといったところでしょうか。

例えば「情けは人の為ならず」という言葉があります。自分にとってはクラシカルな言い回しだという感覚があり、自分からこの言葉を使ったことはありませんが、これまでに何度か、他の人がこの言葉を使うのを耳にしたことはあります。そして、自分が聞いた限りでは、皆、この言葉を「情けは人のためにならない」という意味で使っていたと思いますし、自分もまた、そのような意味なのだろうと聞いていました。実際、確かラジオ番組内でのことだったと思うのですが、ある出演者が語っていた話の中で、この言葉を引用且つ否定し、自分流に「情けは人のため。巡り巡って自分のため」と言い直していました。

こんな記憶がまだ残っている中、本を執筆するに当たり、自身、言葉遣いに対する見直しが必要だとの意識が高まっていたこともあり、書店で語学の専門家が書かれた本の中で、内容がクイズ形式にしてある等、取っ付き易かったことから、先にご紹介させて頂きました北原保雄氏の著作を何冊か購入し、これらに目を通していたところ、その中に、ちょうどこの「情けは人のためならず」について解説されていて、この言葉は「人のためにならない」という意味ではなく、「人（＝他人）のためではない」――人に親切にしておけば、その相手のためになるばかりでなく、やがてはよい報いとなって自分に戻ってくるということで、即ち「自分のためである」という意味になるらしく、つまりは、先のラジオ番組の出演者があえて否定し言い直さなくても、元々がそのような意味だったのです。

このように、言葉の意味や言葉遣いについて、これが正しいものなのかどうかという観点に立てば、自分がどこかで耳にし、知らぬ間に自身の知識となってしまっていることは非常に危ういものだということが分かりますし、それ故、本来、教えを請うべきは北原保雄氏のような語学の専門家がベストだったでしょう。勿論、学生時代、国語の先生の言葉遣いや授業内容だって耳にしていたはずですが、残念ながら、自分の意識は、当時、ここまでは遙かに及ばないものでした。

自身の感性に従い、自由に表現することだけが本を執筆する際の注意すべきことではなく、もっと根本的な部分での「学力」が伴っていなければ元も子もないということに、遅まきながら気付きました。

その点について、今、曲がりなりにもゴール地点へと辿り着いたのですが、次章以降では、その軌跡について記述させて頂こうと思います。が、何分、本書は「生徒が学力の壁に挑んだ」というものですから、先生が正しい答えを示すという類のものではありません。

それよりも、ごく一般的な学力しか備えていない生徒の一人が、実践の中で悪戦苦闘する姿を描いた〝ドキュメンタリー〟として捉えて頂いた方が、本書がどのような色合いを持つものなのか、はっきりと捉えて頂けるかと思います。

第二章

言葉を駆使して創作活動に取り組む者としてのあり方

いきなり恥ずかしい告白をしなくてはなりません。
自分が言葉遣いというものに対し、注意を払わなければならないと痛感した、本書の出発点とも言えることが『隣の殺人者』の改訂前の、ある件《くだり》にありました——。

「ダメじゃないか、もっと十分なリードを保って逃げなきゃ。お前がどこへ行ったのか分からなくなり、こっちに気を揉ませるくらいじゃないと。ゲームに勝つのはいいが、余りにあっさりし過ぎていても味気ないからな。何より大切なのは、そのゲームが面白いこと。そして、勝利を収めた瞬間に充足感が得られることだ。でも、どうやら対戦相手を務めるのは、お前には役不足だったようだ。だから、このゲームはハンデ戦にしてやるよ。敗者復活戦だ。お前に二〇秒与えてやる。しかも甘くしてゆっくりと数えてやるから、その間に行方をくらませろ。一秒たりとも無駄にするなよ」

主人公の三田を追い詰める殺人鬼の言葉なんですが、この中で決定的に間違った言葉遣いをしているところがあるのですが、お気付きになったでしょうか。
これは「対戦相手を務めるのは、お前には役不足だったようだ」の箇所で〝役不足〟という言葉を用いたことです。

ネット上にある国語辞典（デジタル大辞泉）を見てみると、自作のこのケースに相当する「役不足」についての説明は、

やく‐ぶそく【役不足】

〔名・形動〕

２力量に比べて、役目が不相応に軽いこと。また、そのさま。「そのポストでは―な（の）感がある」

とあり（ちなみにデジタル大辞泉は、根本的な言葉の意味そのものの変化はないものの、割と短期間で内容及び記載形式が若干更新されていくようですが、自身が検索した時のものを、ここでは引用させて頂きました。また、以降で引用する言葉についても同様です。ただし、ネット上の国語辞典から引用したものの中には、一部、大辞林第三版も含まれています）、このような言い回しをしたのでは、こちらが意図したこととは全く逆の意味に伝わってしまうだけではなく、前後の関係からも矛盾してしまうからです。

ちなみに、北原保雄氏の著作『日本語どっち⁉』の中で、一般の人が間違え易い言葉遣いとして、この「役不足」を例題の一つとして取り上げていたのを目にした時には、我ながら〝ベタな〟間違いをしたものだと思いました。

このような訳で、間違っていた部分は次のように訂正しました。

「どうやらお前にとって、対戦相手の役は荷が重かったようだ」

こんなことがあってからしばらくして、TVを見ていたらバラエティ番組の中で、あるお笑い芸人のコンビが自分と同じ間違いをしていたことがあり、どのような流れでこの言葉を使ったのかと言うと、短時間内に色々な名物料理を食べ尽くすという企画の中で、食べ進める内にお腹が膨れてきて、辛そうにしている相方に対し、もう一方が「お前には役不足だったんだよ！」と口にしたところでした。

そして、その言葉通りに、画面の中でテロップが補足しているのを目にした時には、少々考えざるを得ないものがありました。と言うのも、こういうケースを自身に置き換えて考えた時、間違った言葉遣いをすることは自分が恥ずかしい思いをするだけではなく、日本語の文化的レベルを下げるその一因にもなってしまうのだと……。

言葉の意味合いや使い方は時代と共に変わっていくものだという意見はあり、勿論、そのことについては一理ありますが、少なくとも、やはり言葉を駆使して創作活動に取り組む者がそのような言葉を口にするのは、見苦しい言い訳にしかなりません。いくら表現力ばかりに磨きを掛けても――仮に建造物に例えるとしたら、たとえ外観はモダンな造りにしたとしても、その土台がひどく安定性のないぐらついたものだったとしたら、少しの揺れにも耐えられずに崩れ落ちてしまうでしょう。

ですから、自身の著書の中で用いた言葉の数々を検分するのに、デジタル大辞泉を中心に、広辞苑や使用しているパソコンで漢字への変換を行う際、画面上に現れる言葉についての説明であるとか、ネット上で不特定多数の人が使っている言葉等、参考になりそうなものについては利用させて頂き、出来る限り間違った言葉遣いをしないことに注意しましたが、それでも、例えば「見当をつける」の〝つける〟の表記についてデジタル大辞泉で確認している時（ちなみに、この言い方を一つの言葉として捉えた場合の表記は、デジタル大辞泉では見付けられなかったものの、担当の編集者によれば平仮名になるということでした）、たまたま「見当」についての用例の一つに目が留まったのですが、これは、少なくとも自分にとっては、これまで普段使ったことのない、もっと年配の人だったら使うこともあるのかも知れないという「駅はこの見当です」というものでした。

勿論、見当という言葉の意味を考えれば、こういう言い方も当然ある訳ですが、これを目にした時、自身、思わず「これじゃ、言葉なんて、時代と共に変わっていくのも当然だよな」との思いを抱いてしまいました。自分が知り得ている言葉やその使い方なんて、辞書に載っている何百万分、何千万分の一だろうかと……。

ですから志に反し、言葉を一〇〇％使いこなすなんて到底無理。せめて守備率のいいプロ野球選手の、そのパーセンテージくらいに近付ければ（と言うことは、最低九五％以上はといったところでしょうか）と、漠然とこんなことを考えていた時、運の悪いことにと言っては何ですが、いや、やはり結果的には良かったと思っていますが、こんな場面を目にしてしまったのです。

――福岡ソフトバンクホークスの監督や第一回ＷＢＣにおいて日本代表チームの監督を務められた王貞治氏が、以前ＴＶに出た際、ジャイアンツの選手時代、練習に対して厳しい取り組み方をしていたことに触れ、「人間なんだから失敗しても当然なんだと考えるような人に限って、同じ過ちを繰り返してしまう」と、自分に妥協しての安易な取り組み方を批判し、更に、こう言葉を続けられました。

「『そこまでしなくてもいい』というのは他人が口にする言葉であって、自分が口にすべきものじゃない」

漠然と「最低九五％以上は……」等と考えていた自分にとっては耳の痛いお言葉でした。

勿論、王さんのこの言葉は、他人を批判するというより自身を戒める意味で口にされたのでしょうけれども、これは自分自身の考え方を改めさせるのに十分な響きを持っていました。と言うのも、少年時代、ベーブ・ルース氏やハンク・アーロン氏の持つ、通算ホームラン数のメジャー記録を塗り替え、更に前人未到の八〇〇号へと到達する、その選手としてのクライマックスシーンをリアルタイムで目にし、これが憧景として心に残っている、また、尊敬の念を抱いている者としては、王さんの言葉には少なからず影響を受けるところがあった訳です。

ちなみに、王さんが一九七七年、ハンク・アーロン氏が持っていた当時のメジャー記録を超える七五六号を記録した際、アメリカ国内では、その価値に疑問を投げ掛ける状況がありました。

当時は、まだ日本人の選手がメジャーの舞台に上がれるような時代ではなかったですし、また、定期的に日本にアメリカのチームを迎えて行われる親善試合でも、アメリカが優勢の内に幕を閉じていましたから、当然、レベルが下だと思われていた日本のプロ野球記録が、一体どれ程のものなのかと、反発があった訳です。中には、どういった試算なのか――アーロン氏の選手としての生涯の全打球の飛距離と日本の各球場の広さの平均値とを照らし合わせてのことだったりしたのでしょうか？――、仮にアーロン氏が日本でプレーしていたとしたら、通算で九〇〇本を超えるホームランを打っていただろうとの予測があったことの指摘もありました。

こういう当時のアメリカ国内での、王さんの記録に対する否定的な見方ばかりではなく、今でこそ、日本のプロ野球のレベルもある程度は認められ、日本人でもメジャーに進出する選手も多い状況にはあるものの、例えばイチロー選手はメジャーでもスーパースターの地位を築き、また、ダルビッシュや田中投手等は、チーム内でエースとしての地位を確立したりしましたが、こういった一部の選手はともかく、多くの場合、必ずしも日本でプレーしていた時と同じような成績を残せている訳ではないことを踏まえ、日本のプロ野球関係者の中にさえ、日本人選手が母国で残したその記録を余り重く見ない人だっています。

その真偽についてはは別として、他者が成し遂げたことに批判的な目を向けようとするこういった言葉に、自分が惹かれるものは何一つとしてありません。

前述した、王さんが樹立した記録等とても容認出来るものではないといったムードがアメリカ国内で充満していたそのような背景があった当時、日本へ取材に訪れたアメリカ人の記者達から「七五六本のホームランを打ったことについて、自身はどう思っているのか?」と、王さん自身にその価値を確かめさせるような質問が向けられた際、王さんはこう口にされました——。

「日本という遠いアジアの国で七五六本のホームランを打った男がいる。これだけでいい」

勿論、受け取り方は人によって様々でしょうから、この言葉を単なるポーズだとして捉える向きもあるかも知れません。でも、自分は違う捉え方をしています。王さん自身は「日本で七五六本の——」と語っておられたことから、想像でしかありませんが、世界的な偉業の達成感と喜びがあったであろうその中で、自身が成し遂げたことを否定されるようなムードがあり、それ故、決して好意的な眼差しがある訳ではない中、言外に含まれた棘のある言葉を口にされるという状況にあって、つまりは、素直に喜びを表すことの出来ない、もし表せば、これが悪い意味での無邪気さと目されるような雰囲気の中で、感情を乱すことなく自制することが出来るというのは、ご本人の強さの表れ以外の何物でもないと思うのです。

実際、アメリカで、記者達から辛辣な言葉で質問されたある有名なメジャーリーガーが、不快感を露にして、そのまま押し黙ってしまった場面をTVで目にしたことがありますし、また、怒って記者会見の場を退席する選手もいるという話も聞いたことがあるので、尚更、日本人が誇りに感じられるような王さんのとられた態度に、尊敬の念を覚える訳です。

そして、同時に敬意を感じた人が、もう一人いました。記録上、王さんにホームラン数を上回られたハンク・アーロン氏です。

日本のプロ野球記録とは言え、日本人の選手に自身のメジャー記録を上回られたことについて、批判がましい気持ちとはまた別のものでしょうけれども、内心複雑なものがあったと思われますが、当の本人からは、一切批判的な言葉はありませんでしたし、これだけではなく、二〇〇〇年代に入り、筋肉増強剤の使用によりホームランを量産していたメジャーリーガー達の存在が次々と明らかになる中にあって、アーロン氏は、王さんが正々堂々と勝負し、生涯八六八本のホームランを打ったとして、そのことを引き合いに出し、こういう悪しき風潮を非難されていました。

そのアーロン氏は一九七四年に行われた日米親善試合の特別ゲストとして来日し、試合前には王さんとの間でホームラン競争が行われました。これが遊びの要素の強いものであったとは言え、前年に続き、二年連続で三冠王に輝いていた王さんをアーロン氏は一〇対九で降《くだ》し、その模様をＴＶで見ていた子供の頃の自分に、世界の広さを感じさせてくれました。

王さんが七五六本のホームランを記録した一九七七年にも、日本側に招かれるという形で、アーロン氏は再び来日しています。

そう遠いものではないであろう引退の時期について、王さんが自身のポリシーとして、年間四〇本のホームランを打てなくなったらという思いでいることを報道陣は知っていて、アーロン氏があるＴＶ番組に出た際、そこで司会を務めていたアナウンサーがこのエピソードについて触れた上で、アーロン氏に対し、「ご自身の現役最後の年は一〇本でしたが……」と、話を切り出したのです。

相手を怒らせるようなことを言って本音を引き出すというのは、インタビューする側のテクニックの一つなのかも知れませんが、自身の引き際については人それぞれの考え方があって当然だし、また、如何に生涯七五五本のホームランを打った選手でも、現役引退を決意したその年にホームランを四〇本も五〇本も打てるはずがないのに、あえてそんな質問をする必要があるのか？　と（実際には、子供の頃の自分がこのような言葉で思いを抱いた訳ではなく、その時は、思わず『何か変なこと聞いてる』と口にしたところ、側にいた父も『なあ』と同意していました）、わざわざゲストとして日本に招いておきながら――この司会者がアーロン氏を招いた訳ではないにしろ――の礼を失したその心ない言葉に、日本人として恥ずかしい気持ちになったものですが、このような無礼な質問にも、アーロン氏は誠実に答えられていました。

野球を愛する少年の一人に、アーロン氏と共に特別な輝きを放っていた王さんに敬意を覚えるのは、数々の偉業を成し遂げられたということは勿論なのですが、これ以上に、自身に与えられた時間をどのように費やしたのか――他者に対してどうこうではなく、自身と対峙し続けこれを乗り越えるという、そのことに感銘を受けるからです。自身、自分が下らないと思えるような時間――他人を誹謗・中傷して貶めたりするための時間――を持つ気等毛頭ありませんが、自分に与えられた時間を王さんの何十分の一も活かすことは出来ていません。

そもそも「時は金なり」という、アメリカにも全く同じ意味の「Time is money」という諺がありますし、また、社会で大成功を収めている人や企業のトップの立場にある人達なら、絶対にこういう感覚はあるだろうと思うのですが、自分自身は「えっ、時間までお金に換算するの⁉」と、何か気の急く思いがして抵抗を感じるものがあります。

例えば、山本益博さんが、著書のレストランガイドの中で取り上げたある鰻屋について、その店は注文を受けてから捌くやり方をしていて、また、扱っているものは、基本的に食事のメニューと言えるものは鰻丼以外、蒲焼と白焼のみなので、主人は客を待たせることなく供したいとの思いから、出来れば予約することを客にお願いしているものの、益博さんは鰻丼に取り掛かる前に一杯やりたいらしく、あえて予約せずに出向き、主人が白焼を用意している間、漬物等、店にあるものをつまみにする訳ですが、その際の「杯を傾けていると、いい時間が流れていく」等の文章に、自分なんかは惹かれてしまうのです。

余程の急ぎの用事でもない限り、駅のホームの階段を駆け降りて電車に飛び乗るということ等、絶対と言っていい程しませんし、また、そのような状況に置かれること自体を嫌います。自慢ではありませんが、と言うより全く自慢にはなりませんが、飛行機を利用して旅行をする際、搭乗時刻に対し、余裕を持って空港に到着出来たこと等滅多にありませんから、極稀に、機体の整備不良等の航空会社側の理由で出発時刻が遅れるようになった時等、航空会社の人から申し訳なさそうに詫びを入れられるのですが、こちらとしては、出発時刻が遅れる分には全く構わなく、むしろ、仮に早められることがあったとしたら、こちらの方が〝三〇〇%!〟困ることです。もっとも、さすがに旅行先への到着が一時間以上遅れるとなると、予約を入れている飲食店のその時間に間に合うのかどうか、気を揉む羽目になるのですが……。

決して自己弁護になるような材料ではないんですが、巨人やヤンキース等で活躍された松井秀喜さん等も〝遅刻魔〟で、練習時間や球場入りの時間、ビジターの試合のための新幹線の乗車時刻に遅れたといったエピソードは数多く、確かその中には、ワールドシリーズの際にも球場入りが遅れ、「事故にでも遭ったんじゃないか⁉」と、関係者を不安にさせたといった話もあったかと思うのですが、世界を舞台に活躍された方がこういう一面を持っていることは、自身、非常に勇気付けられます。

いや、これ以前に、確かイタリアの諺で「明日出来ることを今日するな」というものがあると思うのですが、まあ、これはその言葉の本質を、自分が都合の良いように履き違えているだけなのかも知れませんが、実を言えば、自分は、こんな言葉が今だって大好きな人間なんです。ですから、自分に与えられた時間の大切さ等、王さんが選手として現役を引退されたような年齢になって気が付いたくらいなんですが、気付いているのだから何かするのとしないのとでは、少なくとも前者の方がいいはずだという思いで、それでも、どこまで有意義な時間を使えているかは十分に反省の余地はありますが、今を生きているといったところなんです。

そして、言葉を駆使して創作活動に取り組む者としてのあり方について、自身の考えを改める必要性を感じていたので、こういう状態での感性が波長を合わせてしまったのか、王さんの件だけではなく、時を同じくして続け様に、次のような光景を目にしてしまったのです。

一つは、故・山岸一雄さんや故・佐野実さん、石神秀幸さんといった、店主あるいは評論家としてラーメン界の第一線で活躍されている方々や食通の有名人が、新進気鋭の店主達のラーメンを食し、これに対して評価を与えるというTV番組を見ていた時、佐野実さんに「やがて、俺を超えていくんだろうな」と言わしめたある店主がいたのですが、その店主は、メニューの中の一つについては鶏ガラのみで出汁を取るという手法を用いており、そのためなのか難しいところがあるようで、寸胴の中にガラを入れる際、ただ無造作に放り込むのではなく、これらを中でどのように配置すべきかに細心の注意を払い、更には寸胴を火に掛けている間も、絶えず小マメに火加減を調節するという徹底した仕事ぶりを披露していたのですが、こういう姿にも、自身、刺激を受けるところが大でしたし、あるいは、あるお笑い芸人が、本業以外の企画でCDを発売するためのレコーディングに参加した時の体験をバラエティ番組の中で話していたのですが、曲を作り上げるのに何遍も歌い直し、上手く歌えた部分の歌詞を一つ一つ繋ぎ合わせるように作成していくというその過程を知った時にも——勿論、アーティストによっては、こういうやり方を嫌う人もいますから、自身の感性に従い、納得のいく歌い方が出来たと感じたその時の曲全体を正式なものとしてリリースする人もいるようではありますが——、やはり、同様の刺激を受けました。

通常、一杯何百円、一曲数分というラーメンや曲作りの裏側には、これだけの労力が費やされているのだと――。

自身の感性が波長を合わせ、これらの光景を捉えてしまった以上、気付いているのに気付いていないフリは出来なくなってしまったという訳です。また、このことだけではなく、これが呼び水となったのか、自身の潜在意識の中にあったものを思い起こしました。

自分は工務店を経営する父の息子として、様々な職人さん達について見聞きしてきた訳ですが、ひどい人になると、出来栄えに注意を払う等ということは全くせず、ただやっておけばいいというような人や、あるいは労力は惜しむくせに、いや、だからでしょうか、ずる賢さだけには長けていて、例えば建具の補修を頼まれた際、市販の潤滑油を使用するだけで事を済ませてしまう人なんかもいましたし（もっとも、こんなその場しのぎのことをしても、すぐにまた、補修が必要になるのですが）、そうかと思えば非の打ち処のない立派な仕事をする、職人の鑑とも言うべき人もいました。更に度を越す人ともなると、日程や予算の関係から、父が「何も社宅の営繕に、そこまできちんとやってもらう必要はないんだけどなあ……」とこぼすようなことさえあったのですが、何故か、このような職人さんには好意を抱かせるものがありました。

自分も、父が病に倒れた時にはその代わりを務めたことがあり、今月はどのくらい会社に収入があり、逆にどのくらいの支払いをしなければならないのかということについて考えざるを得ない時期がありましたから、曲がりなりにも経営者という立場も理解は出来ます。けれども、経営者としての父に対する理解と職人さんに対する敬意は、また別なものです。そして、このような職人さんへの思いは、更に別の連想に及びました。

以前、ジョージ・ルーカス氏について書かれた本を読んだことがあるのですが、『スターウォーズ／帝国の逆襲』を制作した際、自身はプロデューサーとして、監督にはアーヴィン・カーシュナーという人を招いたのですが、カーシュナー監督について、後にルーカス氏は「あれ程の芸術的な映像に仕上げてもらわなくてもいいから、もっと安い予算で撮ってほしかった」と語っていたそうです。

当時、既に多くの社員を抱える会社の経営者になっていたルーカス氏にしてみれば、社員達への給料の支払い等を考えれば、こういう思いを抱くのは当然のことなのかも知れませんが、やはり自分の敬意は、映画監督として、出来る限りの仕事をしようとしたカーシュナー監督に向けられていたのです。

こうした、現に刺激を受けたことの数々や、これらが拾い出した自身の潜在意識にある思いとが相まって、創作活動に取り組む上でのあり方について考えるようになった訳です。

けれども、処女作を書き上げた今でも、これは自身に対する甘さと言うより、おこがましいことは口にすべきではないという意味で言うのですが、言葉を駆使して創作活動に取り組む者として、一〇〇％正しい言葉遣いが出来たとは到底思えませんし、実際、時間を置いて作品を振り返った時、やはり、その難しさを痛感しました。

しかしながら、それこそプロ野球の投手に例えるとしたなら、一本のヒットも許さず、四球等による一人のランナーも出さずに試合終了を迎える等、通常、ほぼ不可能に近いことだとしても、少なくとも、何の考えもなく投げたボールを打たれることは避けなければならない。全てが正解に辿り着けなかったとしても、不正解をなくす努力はする必要がある。

村上春樹さんが、自作の小説の中の登場人物の言葉を借り――もっとも、これは文法的なことと言うより、表現力について言及したものだとは思いますが――、「完璧な文章などといったものは存在しない。完璧な絶望が存在しないようにね」と表現されていますが、これはその分野で十分過ぎる程の地位を築き上げた第一人者が口にするからこそ様になるのであって、これからキャリアを積み重ねていこうとする者が口にしては、これは単に脆弱な自己弁護になってしまいます。

世に出た本がプロ野球で言うところの「公式戦」なら、学力の部分を焦点とした推敲の段階は「紅白戦」「オープン戦」と言ったところでしょうか。そして本書では、そのオープン戦の模様をあえてご覧になって頂こうと思います。そこでは、曲がりなりにも言葉を駆使して創作活動に取り組む者にもかかわらず、随所に大したことのなさを披露することになるかと思います。これに安堵したり優越感を持ってもらっても勿論構わないですし、また、大いに勇気を持って頂ければと思うのですが、同時に、言葉の意味や使い方に思わぬ盲点があったりすることを念頭に置きながら読み進めて頂き、こうした面白さを汲み取り、言葉についての理解をより深めて頂ければ、本書の叶うところになるかと思います。

＊　＊　＊

以上で次の章に移るつもりでした。

他者の耳に快くない響きを持った言葉を口にしようとする時、決して万全を誇れるものではない自身の人間性を考えれば尚更のこと、言いたいことの八割程度に止めておくのが賢明なのかも知れません。が、心の奥底にあるものについて、自身、避けて通りたくはなかったものですから、あえて口にさせて頂こうかと思います。

次章に記述致します、本書のテーマとなる言葉遣いが正しいものなのかどうか等について、勿論、自身に逃げ道を作る訳ではありませんが、実は、こういったことを最も重要だとは考えておりません。そのようなことは、語学の専門家に任せておけば十分に事足りるはずだからです。

これ以上に、自分が大切にしたい、本書の根底に置くべき思いがあります。

これは、日常の光景を見渡した時、今の日本人が自分に厳しくすることを忘れた分、いや、これ以上に、他者に対し攻撃的とも言える厳しい態度で接する場面だって目にすることも多い中、言い換えれば、他者に対する尊厳を忘れがちな今の日本の社会を生きている中で自然と芽生えるものでした。

もし、自分がその立場にあったとしたら等と想像することもなく、一方的に相手に対して不満を募らせる——。

自分もまた、万全ではないことを知りながら、他者のミスを揶揄し、殊更に面白がる——。他者を非難するそのことについては自身、確かに「セーフ」の立場にはあっても、「アウト」とコールされる局面に置かれる場合だってあるはず等と考えることもない故、著しく人格、品格を欠いた言葉で他者を断罪しようとする——。

言論や表現の自由を履き違えたかのような、「人権に対する配慮」を欠いた言葉をまかり通そうとする——。

「すみません」等の言葉を、あるいは譲り合いの精神を持たず、最悪、殺人にまで発展してしまうような、殺伐とした人間関係を一瞬にして作り上げる——。

ネット上での特有の匿名性を盾に、仮に自分に向けられたら傷付くか憤慨する、あるいは神経を消耗させせられるはずの言葉で、平気で他者を誹謗・中傷する書き込みをする。あるいは、発覚した際の「ジョークのつもりでやった」等の詭弁としか思えない言い逃れの言葉を用意し、殺害予告をして楽しむ――。

自身、その時期を経てきたであろう、多感な年頃の中学生の息子に、平気で「自殺しろ」等と口にする――。

いじめと傍観と黙認により一人の生徒が死に追い込まれたことを認めたくないため、いじめくらいの問題で自殺したと考えるのは、かえって、その生徒の名誉を傷付けることになる等の偽善的な詭弁で自身を納得させようとする――。

その人が、誠実に自身の仕事と向き合ってきた証とも言える、何百万、何千万という貯蓄額を、その何千万分の一の価値すら持たない悪知恵を働かせて騙し取ろうとする――。

行き詰った自身の区切りをつける手段として――これが実際には何の意味もないものなのに――、あるいはこんな言い訳さえなく、ただ「殺してみたかった」というだけで、見ず知らずの人を殺害のために巻き込む――。

何時から、日本人の心や魂は、こんなものを居場所にしてしまったのでしょうか?

が、同時に、変われる可能性が0だとも考えてはおりません。このことは四年前に起きた東日本大震災とこれに伴う原発事故が、日本人にとって、多かれ少なかれ、何らかの転機をもたらすものだったと感じられるからです。

「雨降って地固まる」という諺を持ち出すまでもなく、困難を糧に人は進化出来るということを、これまでの歴史からも、自分達は学んでいるはずです。いや、何も歴史等を見渡さなくても、例えば特定健診を受けておくべきある程度の年齢になった際、受けた診断結果の肝数値であるとか血糖値、コレステロール値等が悪いものであったとしたら、だらしない自身の生活の仕方や健康に対する考え方の甘さを痛感させられると同時に、食生活等の改善に取り組もうとする強さも人は持っているのと同様、成熟の頃を過ぎれば様々に病んだ部分が出てきてもおかしくはない、こういう社会に生きている今の日本人もまた、病んだ部分を少しでも良くしようという気持ちだって失ってはいないでしょう。

日本人の心、魂は別の方向にだって、と言うよりも、本来、向いていたその先に進んでいくことが出来るはずだと思います。

いや、思える思えないではなく、どのような生き方を選択して自身の記憶に刻み込み、その情報を遺伝子に伝えていくかは、自らの意志で決定することが出来る。

刃は他者に対して向けるものじゃない！　他者を誹謗・中傷して貶めたり、悪質ないじめをして、自身、心の底から幸せだ等と思えるのでしょうか。あるいは、そのようないじめを初めからなかったかのように黙認しながら､何の良心の呵責も感じずに済ませられるのでしょうか。死に至るまで自身の子供を虐待し続けたことに、自己嫌悪はないのでしょうか。理解しようとするよりも相手を攻撃し、果たして有益な関係は生まれるのでしょうか。取るに足らないといった我を押し通し、殺傷事件にまで発展してしまったことに後悔の念はないのでしょうか。ましてや、人を騙して大金を奪い取ることにしか自身の頭を働かせられない、そんなことを才能と捉え、誇るべきものとでも思っているのでしょうか。自身の鬱屈した感情を晴らすため、見ず知らずの人を殺害のために巻き込むようなことをして、そこに虚しさはないのでしょうか。こんな社会、国が、心豊かな思いに満たされること等望めるのでしょうか。

他者に向けたその刃は、明日の自分から見て、昨日の自分が至らない存在であったと思えるような道具とするべきでしょう。自身を改善させる道を選び、自分自身と対峙し続け、これを乗り越えることを可能とすることは、何も王さんに限ったことではないはずだし、何よりも他者に対してきつい言葉を口にした自分自身に求めるつもりです。そして、乗り越えられるかどうかは別としても、偉人でも教師でも優等生でもない、ミスもすれば恥じ入るような弱さだって持っているし、人としての至らなさだって多々ある、このような一人の人間が、一人の日本人がこれを示そうと試みることは、そこに何らかの価値を持たせられるはずだと考えます。

次章では、言葉遊びに興じると共に、根底にあるこういった思いを感じ取って頂ければ、これ以上の喜びはありません。

第三章
漠然とした把握の仕方ではない言葉遣いを求めて

意味の〝意味〟

以前、古今東西の様々な人物についてのエピソードを集め、その人物が口にした言葉を焦点とし、その話の内容が深いものであるか否かをゲストのタレント達等に判定させるというTV番組で、その中に印象に残るエピソードがありました。

これは一人の悩み深き若者が、偶然出会ったある老人から、目から鱗が落ちる思いのする、人生についての教えを貰うというもので、ある日、公園のベンチに身を沈め、思わず「人生の意味が分からない」と口にした若者のその言葉を耳にした老人が、「お前は意味だけで生きているのか？」と問い掛けるのです。

この話は満場一致で深い話に認定されたのですが、自分も、何やら哲学的で高尚なその悩みと、これに対する助言の言葉に同様の思いを抱きそうになったものの、同時に、若者と老人が口にした、この場合の「意味」って何？　との思いが生じました。

そう言えば、自分自身、意味の言葉の使い方について、日頃、「何の意味もない」であるとか「意味ないじゃん」等と、それこそ、特に意味の〝意味〟を考えることもなく、どこか漠然と、また、習慣的に使っていたなと、改めて感じたのです。

「意味」についてデジタル大辞泉の説明を見てみると、こうありました。

い‐み【意味】
〔名〕（スル）
1言葉が示す内容。また、言葉がある物事を示すこと。「単語の―を調べる」「愛を―する
ギリシャ語」
2ある表現・行為によって示され、あるいはそこに含み隠されている内容。また、表現・
行為がある内容を示すこと。「慰労の―で一席設ける」「―ありげな行動」「沈黙は賛成を
―する」
3価値。重要性。「―のある行動」「全員が参加しなければ―がない」

これって、意外と難しくないですか？　例えば、若者が「人生における意味が分からない」と口にしたのなら、この場合、若者と老人が言う「意味」は、国語辞典の3に該当することが分かりますが、「人生の意味が……」となると、話は少々違ってくると思います。勿論、この場合でも、3に該当させても問題はないのかも知れませんが、2の意味と捉えた方が妥当でしょう。この場合、人生＝人がこの世で生きていくことは、広い意味で「行為」と言えるでしょうし、また、「そこに含み隠されている内容」に注目しても、この若者が悩んでいるその事柄として妥当な感じを受けます。本人がそれをはっきりと意識しているか無意識なものなのかは別として、突き詰めていけば、自分は、一体、何のためにこの世に生を享けたのだろう？　と悩

んでいるのではないかと思われますし、また、ここまで哲学的で抽象的な捉え方をしなくても、現実的なところでは就職とか結婚の問題も含まれているでしょうから、いずれは、自分なりの答えを出さなければならないことだと感じます。

だとすると、この若者の悩みに対し、「お前は意味だけで生きているのか？」との問い掛けは、崩した言い方をするなら、「そんなこと、どうだっていいだろう。毎日が楽しければ、それでいいいんじゃない？　今日もご飯が旨かったら、それに越したことはない！」等と助言しているようなもので、言われた方としては、どこか「肩透かし」を食らったような気持ちになるのではないでしょうか。と言うのも、例えば、以前、茨城県土浦市で無差別の殺傷事件を起こした若い男がいましたが、当初は、自ら好んでＴＶゲーム漬けの日々を送っていたものの、やがてこんな生活にも嫌気が差し、あのようなとんでもない事件を起こすこととなったように、この世に生を享けたからには、その根本的な課題から目を背けていては充足感が得られない。自分なりに探究していこうとするのは、人間の本質ではないかと思うからです。ましてや、この問いに真正面から挑もうとしている若者にしてみれば、老人の言葉に、何故、「何なんだ、このじいさんは⁉　そんな能天気なアドバイスで、哲学者の卵とでも言うべきこの俺を丸め込むこと等出来ると思っているのか⁉」との思いを抱かなかったのか、どうして悟りを開くことが出来たのか不思議です。

このように、「人生の意味が分からない」等という疑問は、そう簡単には答えが出せるものではない。言い換えれば、安易に助言出来る類のものではないということが分かりますから、どうも言葉というものは、無意識に口にしていたり、どこか慣習的に使われる場面も少なくないように思われます。

だとすると、あの若者と老人は、自分らが口にした「意味」という言葉が何を意味するものなのか分かっていて悩んだり教えを与えたりしたのだろうか？　との思いが過ります。分かっていて口にしたのなら、見たままの哲学的で高尚なお話だと思いますが、もし、何となくの雰囲気で口にしていたのだとしたら、一体、何に対して悩み、また教えを与えているのかよく把握出来ていないという、とんだオチの付いた、〝深い〟どころか「滑稽な話」になってしまうでしょう。

ただ、日常生活の中でなら、何気ない言葉遣いをしてしまったとしても特に問題にはならないでしょうけれども、本を執筆するという行為においては、そうはいきません。注意していないと、文章を後から見直してみると、分かっているようで分かっていないようなものを書いている場合だってあるのです。

例えば、自作の『隣の殺人者』の中にも、これはありました。

創作活動において、これこそが正しいなんて答えはないのだし、それ故、何が世に受け入れられるのか、受け手の側に迎合したり、即席な便乗商売等をしない限り、真の意味では分からず、且つ仮に受け入れられたとしても、必ずしもこれが正義だとは限らない。

主人公の三田が、自身の胸の内に、創作活動に対する思いを浮かべる場面なのですが、引っ掛かったのが「真の意味では分からず」の部分でした。この場合の「意味」は〝価値〟〝重要性〟で、また、「真」は〝本当〟に置き換えられますから、引っ掛かった箇所について言葉を置き換えると、こういうことになります——。

受け手の側に迎合したり、即席な便乗商売等をしない限り、本当の価値（重要性）では分からず

どうでしょう？　分かっているようで分かっていないような、変な言い回しです。ですので、この箇所については、次のように訂正しました。

受け手の側に迎合したり、即席な便乗商売等をしない限り、**実際には分からず**、且つ仮に受け入れられたとしても、**真の意味において、**必ずしも**これに適うとは限らない。**

今、一つの例を見て頂きましたように、この章で記述することは、基本的に自分の学力を基準にしていますので、中には、そんなものは分かり切ったことで参考にならないというものから、見解の相違により異を唱える指摘もあるでしょう。あるいは、それは考え過ぎで、融通の利かない捉え方だとの思いを抱かれるかも知れません。が、どのような感想を持たれるにしろ、それは読後にして頂くと致しまして、まずは、どうかお付き合い下さい。

第一節　出来れば漢字で表記したい

言葉を駆使して創作活動に取り組む者として、やたらと平仮名の使用が多いというのも考えものですし、出来ることなら漢字で表記したいところではあるのですが、例えば、自作の『隣の殺人者』の中に、

しばらく懸命になって走った。

という件《くだり》があるのですが、この「しばらく」を、普段、どちらかと言えば、目にすることの少ない「暫く」と表記するのは、読者に対する配慮を少々欠いている気がします。別に漢字検定の試験でも受けようかというような、特定の人達を相手に本を執筆している訳ではないのだし、それに、例えて言うなら、悠々と問題を解いたフリをしても、〝クラシカル〟な表現をするなら、「お前、アンチョコ見ただろ?」と指摘されそうな、自分でもあざとい気がするような漢字での表記は避けました。

パソコンの漢字変換の機能を利用すれば、冒頭でも触れた「フカヒレ」を「鱶鰭」と表記することも可能であることを始め、この〝部位〟だけではなく、普段、余り漢字で表記することは少ない魚の名前だって〝パーフェクトに列挙〟出来てしまいますが、こういうモロにバレるようなことをするのは、かえって恥ずかしい。

ただし、〝フリ〟をさせてもらうこともあります。北原保雄氏の著書である『日本語どっち⁉』を読んでいたところ、「無謀」という言葉の表記を「無暴」と勘違いしている人も少なくないのでは？　と指摘されている件があったのですが、これを目にした時には、少々焦りを感じました。と言うのも、自作の小説の中でこの言葉を用いている箇所があり、「無暴」と表記していたのでは、と思ったからです。あわてて確認してみたところ、パソコンの漢字変換の機能のお蔭で、無事、正しく表記されていたのですが、このように、自身は間違えて表記しそうなものであっても、「無ぼう」と表記したら不自然だったり、かえって読みづらさを感じさせてしまうようなものは漢字で表記させて頂きました。

微妙なのは、人によっては漢字で表記したり平仮名で表記したりするようなもので、例えば、「ありがとう」は「有難う」であったり、「何故」は「なぜ」であったりしますが、この辺は、あくまでも自身の感覚で判断させて頂きました。

また、こういう手もあったかと後から気付いたのですが、自作の小説の中で、三田の父が俗語としても通用しない造語の「極底」という言葉を口にする場面で、当初、自分は極底（ごくそこ）と表記していたのですが、担当の編集者からの提案を受け、ルビを振るというやり方もあったかと思い、同じような方法で、例えば「纏う」や「飛沫」といった漢字にも、その右脇に平仮名の表記を加えれば良かったと思ったものの、その時には、推敲した原稿を印刷に回さなければならない期限が迫っていたこともあり、前者はそのままの漢字で、後者は平仮名で表記しましたが、本書では、場合によっては、漢字の右側に平仮名を表記するようなやり方も取り入れてみようかと思っています。

この他、表記自体が難しいものではないのだったら、出来る限り漢字で表記したいところではあるのですが、これも本を出版するに当たって気付いたことなのですが、担当の編集者の説明では、「活字離れの昨今の読者に合わせ、副詞や接続詞など一部の漢字は平仮名の表記にした方が妥当でしょう」とのことでしたので、例えば、読者によっては「何で平仮名の表記で？」と思われるかも知れない、「有る」「居る」「於いて」「恐らく」「位」「又」「様に」「事」（何事や出来事等の例外はありますが）等は「ある」「おる」「おいて」「おそらく」「くらい」「また」「ように」「こと」と、平仮名の表記にしました。

また、「行く」の用法の一つに、

ゆ・く【行く】

〔動カ五（四）〕

14（補助動詞）動作の継続・進行の意を表す。「やせて―・く」

とデジタル大辞泉にもあるように、例えば自作の、

こういう一面だけを見ても、今は生きていくのに複雑な時代になってしまっている。

というケースでも、当初は漢字の表記で構わないかと判断したものの、担当の編集者によれば「補助動詞の『行く』は、本来の動詞『行く』（ＧＯ）の意味は持たないので、平仮名にするのが一般的です」とのことだったので、このような場合は平仮名の表記にしました。

また、同様のケースで補助動詞の「来る」についても、平仮名としました。

①掛布さんは、何故「掛」の表記なのか？

例えば自作の小説の中には、結構、「かける」という言葉を用いており、この「かける」について主だった表記は「掛ける」「懸ける」「駆ける」「架ける」「賭ける」等があり、更にパソコンで漢字変換を行った際、画面に表示される説明を見ても「掛ける」の表記が一般的とあるように、「掛ける」と表記するケースが一番多いかと思うのですが、実際に様々なケースに直面した時、「あれ？　この場合、『掛ける』という表記で良かったんだっけ？」と、あやふやな

気持ちになったことも多々ありました。

デジタル大辞泉の、この言葉についての説明は次の通りで、

か・ける【掛ける／懸ける】

〔動カ下一〕〔文〕か・く〔カ下二〕

1

㋐高い所からぶらさげる。上から下にさげる。垂らす。「すだれを―・ける」「バッグを肩に―・ける」

に始まり、

32他の動詞の連用形のあとに付いて用いる。

㋐…しはじめる、途中まで…する、今にも…しそうになるの意を表す。「言い―・けてやめる」「死に―・ける」

㋑他へ働きを仕向ける意を表す。「仲間に呼び―・ける」「押し―・ける」

まで、Ａ４のコピー用紙に五枚分印刷が必要な程、多種多様なケースに使用が可能なことが説明されていました。

そこで、自作の中で用いた様々な「掛ける」が、デジタル大辞泉にある意味合いのどれに相当するのか、幾つかご参考までに見て頂こうかと思います。

刑事に手錠を掛けられながら

5曲がった物など、ある仕掛けで他の物を捕らえる。ひっかけて留める。「針に―・けて釣り上げる」「ボタンを―・ける」

一日の就業時間が終わり、仕事に精を出していた者達に気軽に声を掛けるのはいつものことながら

10

④送って相手に届かせる。「電話を―・ける」「言葉を―・ける」

このやり方なら、周りの乗客に迷惑を掛けずに済む。

11

⑦望ましくないこと、不都合なことなどを他に与える。こうむらせる。負わせる。「苦労を―・ける」「疑いを―・ける」「迷惑を―・ける」

連日、マスコミが学校に押し掛けてきて

32他の動詞の連用形のあとに付いて用いる。

㋑他へ働きを仕向ける意を表す。「仲間に呼び―・ける」「押し―・ける」

単に部屋の中での急性アルコール中毒死なんかに見せ掛けたりはしないだろう。

8目や耳などの感覚や心の働きにとめる。

㋐（多く「目にかける」「目をかける」の形で）目に触れさせる。目にとめる。見せる。

また、面倒を見る。人の世話をする。「作品をお目に―・ける」「今後とも目を―・けてやってください」

隈なく掃除機を掛け

10

㋓操作を加えて機械・装置などを作動させる。「目覚ましを―・ける」「レコードを―・ける」「ブレーキを―・ける」

こう思い掛けたところ、また、余計な想像をしてしまった。

32他の動詞の連用形のあとに付いて用いる。

㋐…しはじめる、途中まで…する、今にも…しそうになるの意を表す。「言い━・けてやめる」「死に━・ける」

この実験には五、六時間掛けるつもりでいる。

12時間・費用・労力などをそのために使う。費やす。つぎ込む。「内装に金を━・ける」「手間暇━・けて」

ある程度長く伸ばした髪に軽くパーマを掛け

「パーマをかける」――日頃、何気なく使っている言葉ですが、そもそも「パーマ」って何？ いや、パーマをかけた〝後の状態〟なら、分かりますよ。ウエイビーヘアーになった、あの状態のことでしょ。でも、パーマそのものの意味は？ ……デジタル大辞泉の説明を見てみると「パーマネントウエーブの略」で「毛髪に熱や化学薬品を用いて、長期間崩れない波形をつけること。また、その髪形。電髪。パーマ」とあり、とすると、この場合の「掛ける」の意味に相当するものは――。

25ものにある性質・傾向を与える。「サーブに回転を━・ける」「シュートを━・けた内角球」

ちなみに、「エコーを掛ける」あるいは「エコーが掛かる」という言い方に対するそこはかとない疑問があります。よく耳にする言葉で、「掛かる」という言い方にしても同じ意味を含むこの「掛ける」は、おそらく、デジタル大辞泉の中の10の㋓「操作を加えて機械・装置などを作動させる」の意味合いで使われているのだと思いますし、自作の中でも、一度はこの言い方にしようかと思った箇所があり、これは、

「その言葉にエコーが掛かり」

というもので、大辞林第三版では「エコー」の意味を「こだま」――つまりは、このケースに相当すると考えられる㋑の「〔古くは木の霊の仕業と考えていたことから〕山・谷などで起こる音の反響。また、音・声が山・壁などに当たってはね返って来ること。やまびこ」としていることから、「掛ける」という言い方にした場合の、10の㋓の意味としては使いにくく、これ以外でも、エコーの言葉と組み合わせられるような意味合いを持つものが見付けられませんでした。そこで、

「その言葉にバイブレーションが掛かり、こだまする」

バイブレーション――つまり、「震動」が言葉を覆うようにして、こだまする。このケースだと、「掛ける」という言い方にした場合の4の㋐「他の物の上にかぶせるようにして物をのせ置く。全体におおう」に相当するものとして用いようかと思ったものの、これも無理のある

言い方かと思い、結局、この箇所は「掛かる」の言葉にこだわらず、次のようにしました。

その言葉に**バイブレーションが加わり**、こだまする。

こうした作業に取り組んでいる時分に街中を歩いていたところ、ある駅ビルの外壁に掛かっていた宣伝用の垂れ幕の、「わたしの毎日に魔法をかけて」のキャッチコピーに目が留まり、もし、この「かけて」を漢字で表記するとしたら何だろう？　と思ったのですが、魔法使いがこれを駆使する際、手にしている杖の先から金粉のようなきらめく粉が降り注がれるというイメージが自身にあることから、デジタル大辞泉にある「掛ける」の説明、4の㋑に当たる「水や粉などを、物の上に注いだり物に打ち当たるようにしたりする」の解釈が成り立つのかと一瞬思ったものの、こんなよくある、単なるイメージ映像を基に考えていいものなのかと思い直し、改めてデジタル大辞泉の説明を見たのですが、やはり違っていて、正しい解釈の仕方は、

10

㋐ある働き・作用を仕向ける。また、こちらの気持ちなどを相手へ向ける。「催眠術を―・ける」「暗示に―・ける」「なぞを―・ける」「情けを―・ける」

というものでした。例えば、昨今、スポーツ紙の中には社会面で扱う事件等について、記事を掲載するのと同時に、その内容を面白おかしく要約したイラストも同時に載せているものが

ありますが、このように、現代人は、言葉で説明されるよりも視覚に訴えられた方が把握し易いという一面を持っているかと思うのですが、自分もまた、知らず知らず、こういう思考回路になってしまっていました。最後に、次のケースについては、

顔の下半分から首に掛けて

13

㋐（多く「…から…にかけて」の形で）ある地域・時間から他の地域・時間までずっと続く。「ただ今東海地方から関東地方に――・けて地震を感じました」「今夜半から明朝に――・けて断水します」

に相当すると思ったものの、「地域」という言葉が引っ掛かり、顔の下半分や首だと〝箇所〟――つまりは場所の扱いではなく――になり、このケースには相当しないのか？　と（もっとも国語辞典には、『箇所』の言葉には場所の意味も含まれていたのですが）、念のため、他の人達はどのように表記しているんだろうかと、ネット上で、ただし、自作のこの言い方は余り一般的ではないと思われたため、「背中から腰に掛けて」という言い方に変え、この言葉をキーワードとしてウェブ検索してみたのですが、これが、かえって頭を悩ませることとなってしまいました。

と言うのも、表示された画面上で「背中から腰にかけてではありませんか?」と、この場合、平仮名の表記にするのではないかとの指摘を受けてしまったからです。

で、一応、広辞苑の編集部の方に確認したところ、「掛けて」の表記で良いとのことでしたが、しばらくして、また、パソコンの画面上で、思わぬところで指摘を受けることがありました。

その時は漢字の表記云々ということを離れ、自身の趣味である「必勝（目標であって、必ずしも結果ではありませんが）馬券研究とその実践」のため、インターネットで騎手や調教師のデータを調べていたのですが、「福島信晴」という調教師の方について、内容的にもう少し詳しいことが知りたかったので、ウェブ検索で参考になるものがあるかも知れないと思ったのですが、ちなみに、この福島さんの外見について言えば、その当時、インターネットでデータを提供しているページに掲載されていたご本人の写真――おそらく、その時点よりも若い頃のものとは思いますが――を拝見する限りにおいては、五分刈りで、苦みのある、きりっと引き締まった表情から、棟梁であるとか、あるいはお祭りで威勢良く神輿《みこし》を担いでいるのが似合いそうな印象を受けます。このことはともかく、自分は福島さんのお名前を勘違いして、キーワード検索欄に「福島正晴」と打ってしまったところ、パソコンの画面上で、こんな指摘を受けてしまいました――。

福山雅治ではありませんか？

「顔の下半分から首に掛けて」の〝掛〟の表記がこれでいいものなのかどうか、あやふやでも、このご両人の違いについては明確に認識しております。

②「オチ（落ち）をつける」という言葉を口にする時、この「つける」は、どのように漢字変換したらいいものなのか？

「掛ける」の言葉同様、日頃、結構、口にしたりしていても、いざ、その言葉を漢字で表記しようとする時、判断に迷う場合もあるかと思うのですが、この「つける」あるいは「つく」という言葉もまた、このような性質を持つ厄介なものの一つです。自作の中でも、

と、多少なりとも人の好いオチをつけてはいたが……。

という件《くだり》があり、このケースの「落ち」というのは、デジタル大辞泉の3「行き着くところ。結末」の㋐「落語などで、しゃれや語呂合わせなどで話の終わりを締めくくる部分。下げ。また、一般に、話の効果的な結末」という意味ですが、これに適した漢字で表記する「つける」を探そうとしてもなかなか確信が持てず、広辞苑の編集部の方を頼り、電話で問い合わせてみ

たところ、「平仮名で表記するんじゃないですか」との回答をもらったものの、自身、確信はなくても漢字で表記出来そうな思いがあったため、一旦、この問題は保留にし、その後、また、色々とお聞きしたいことがあったので、広辞苑の編集部に問い合わせ、その時には、また別の方に答えて頂いたのですが、その方はその方で「付ける」の表記だと……。結果的には、デジタル大辞泉で「落ちがつく」という言い方を一つの言葉として検索した場合、「付く」と表記されていたので、これで正解だった訳ですが、編集者によって意見が分かれていたので、自身、確信に至ることは出来ず、結局、前述した平仮名の表記にした訳ですが、「付ける」の表記だと答えて下さった方にしても、「分からない時は、平仮名で表記するのが一般的です」と——。まあ、これは多分に相手のことを思ってのお言葉なのでしょうし、また、決して中傷するつもりもないのですが、広辞苑の編集者ともあろうお方から、こんな言葉は聞きたくなかった。無念……。

ただ、自身、曲がりなりにも、言葉を駆使して創作活動に取り組む者として、表記自体が難しいものじゃなかったのなら、出来る限り漢字で表記したいだけなのだという、こちらの思いは相手に伝えていなかったし、また、語学の専門家と編集者とではその立場が違うということが、その時点では認識出来ていなかったので、ご迷惑をお掛けしてしまったところもあるのですが、いずれにしても、この問題に関しては決着しましたので、今後、自身の著書の中でこの言葉を使う場合は、「付ける」と表記したいと思います。

③「結果、オーライ」の、〝極めて〟自分なりの解釈かも知れませんが……

包丁を手に防御の体勢を取っている自分……何やってんだ、一体⁉

自作の中でこのような件《くだり》がありますが、デジタル大辞泉の、この説明に注目しました。

と・る【取る／執る／採る／捕る／撮る】

1〔動ラ五（四）〕

6形をまねて作る。（記して）形を残す。「入れ歯の型を―・る」「不動の姿勢を―・る」「メモを―・る」

「不動の姿勢を――」の例文を見ても、自作の「防御の体勢を――」も、これと同じ解釈が出来るだろうと。で、このケース、どの表記にしたらいいのかを考えてみた時、辞書の説明にある「形をまねて作る」に注目。例えば、「かたどる」という言葉について見てみると、

かた‐ど・る【∇象る／∇模る】

〔動ラ五（四）〕《「形取る」の意》

1物の形を写し取る。また、ある形に似せて作る。「雪の結晶を―・った模様」

とあり、「と・る」の「形をまねて作る」と同等の意味だろうし、また、(「形取る」の意)としてあることからも、自作のこのケースは「取る」と表記出来るものと判断。

ちなみに、デジタル大辞泉の例文の「不動の姿勢」にしても、自作の「防御の体勢」にしても、これこそが、その正しい姿勢、または体勢というものはなく、例えば、指導的な立場にある人の言うところに従って、あるいは、自身の潜在意識にある漠然としたイメージを体現するというものだろうから、「形をまねて作る」という意味に相当するのではないかと思うのですが、自分が正しい解釈の仕方をしているかどうかは定かではありません。悪しからず……。

④これまた〝経由〟しながら、この表記に辿り着きました

最終的に少年院送致の処置が執られたことから

デジタル大辞泉の、

と・る【取る／執る／採る／捕る／撮る】

1〔動ラ五（四）〕

2

㋐（手で）うまく動かして、事を行う。処理する。「事務を―・る」「指揮を―・る」

の例文を見た場合、これらのケースでは「執る」と表記することは多く知られていることだとは思いますが、説明にある「処理」という言葉に注目し、この意味について広辞苑で確認した場合、「①物事をさばいて始末をつけること」と続けた後に、第六版では省かれているものの、「処置すること」とあることから、自作のケースでは「執」の表記で構わないだろうと判断しました。

⑤自身は〝お仲間説〟を唱えてみたんですが……

こんな言い方をしたからと言って、自分は性悪説の立場をとっているという訳でも何でもない。

当初、自分は、このケース、「執っている」と表記していました。と言うのも、前述した「と・る」の2の㋑の所では、

㋑そのような考え方を固く守る。主張する。「中立の立場を―・る」「強硬な態度を―・る」との例文があり、また、㋐と㋑、それぞれ意味合いは違うものの、同じ2の括りにあり、更に広辞苑の編集部の方に「とる」の表記に関して色々とお聞きしたところ、その話の中で「『態度を執る』があるので」との回答があったことから、当然、自作の「性悪説の立場」について

は「執る」と表記してもいいものだと思ったものの、担当の編集者からは、「この表記に関しては『とる』とした方がいいのでは？」との提案もあり、どのような表現をするかということに関して、つまり、曲がりなりにも作家という立場において、自身を優先させてもらうケースはあるとしても、言葉に関する知識という点においては、自身、長年、こうした仕事に携わってきた編集者を尊重すべき立場にあるし、また、前述したように、広辞苑の編集部の方は、あくまでも語学の専門家とはその立場が違うということも認識出来ていたので、〝自説〟にこだわる必要もなく、最終的には平仮名で表記することに落ち着きました。

いや、日頃、「○○の立場をとって」であるとか「○○な態度をとる」等と、割と耳にする言い方なのに、いざ、この「とる」を漢字で表記しようとすると、なかなかその答えには辿り着かないものです……。

⑥「水をさす」の、「差す」と表記することの一抹の不安……

ただし、自分の楽観的な思いに水をさされたという訳でもなかった。

確かに「水を差す」という表記を割と目にすることは多いですし、辞書によっては、やはり、この表記にしているところもあります。けれども、大辞林第三版の「さす」【差す・射す・点す・

止す】（動サ五〔四〕）に関して、補足説明の所の例文に「話に水を注す」があり、更に広辞苑の編集部の方の意見も「『注水』なども使いますので、漢字で書けば『注す』だと思います」と。かなり、この表記で良い感じがあったものの、肝心の「水をさす」という言い方を一つの言葉としてデジタル大辞泉を見てみると……。

水（みず）をさ・す【水をさす】

2仲のいい者どうしや、うまく進行している事などに、わきから邪魔をする。「二人の仲に━・す」

何故に⁉ 補足説明の例文の「話に水を注す」は、この意味合いのものでしょう⁉ 何故、平仮名の表記なんでしょうか？ 多分、「注す」としていいんじゃないかとは思うものの、語学の専門家ではない立場にある者が〝多分〟で表記することは出来ませんから、ここは平仮名の表記にしました。

⑦その言い方を一つの言葉として捉えると、平仮名の表記になってしまう、ややこしさについて

ここでは例文を二つ取り上げてみたいと思います。

床に傘を叩き付けるようなことはしても、〝腹に据えかねる〟×一〇〇の三乗くらいのことをされたって、女の人に手を上げるなんてことはしない人間だよ⁉

この迷路から抜け出すべく、自分の感覚を頼りに、バス停のある方向へと見当をつけてはみるものの

デジタル大辞泉では「かねる」と「つける」、それぞれについて——。

か・ねる【兼ねる】
〔動ナ下一〕〔文〕か・ぬ〔ナ下二〕
4他の動詞の連用形に付いて用いる。
㋐…しようとして、できない。…することがむずかしい。「納得し—・ねる」「何とも言い—・ねる」

つ・ける【付ける／▽附ける／着ける／▽点ける】
〔動カ下一〕〔文〕つ・く〔カ下二〕
4ある働きを発動させる。活動を開始させる。
㋒五感でとらえる。感覚器官を働かせる。注意を向ける。「気を—・ける」「目を—・ける」

とあることから、当然、自作のケースでも、「腹に据え兼ねる」「見当を付ける」としていいものだと考えていたのですが、担当の編集者からは、「腹に――」「見当を――」という言い方を一つの言葉として捉えた場合には平仮名の表記にするとの指摘があり、実際、デジタル大辞泉で調べてみると「腹に据えかねる」として表記されており、一方の「見当をつける」は検索することは出来なかったものの、前述した「水をさす」等の例もあることからも、表記の難しさと言うか〝ややこしさ〟については承知済みだったので、こちらの方も平仮名で表記することにしました。

⑧集合住宅は「立ち並んで」いて、いいんですよね

そこには、かなり老朽化していそうな集合住宅が何棟も立ち並んでいて

この表記について「人じゃないんだから……」という思いを抱く方もいらっしゃるかも知れませんが、デジタル大辞泉によれば、

たち‐なら・ぶ【立(ち)並ぶ】

1〔動バ五（四）〕

1 並んで立つ。「アパートが――・ぶ」

同様に例文を二つ。

引違戸と押入れの間に立っている柱に沿って

自分の右脇には、コンクリートブロックを重ねた塀が立っている。

た・つ【立つ】

1〔動タ五（四）〕

1

㋒長いものや高大なものが直立して位置する。「看板が―・つ」「電柱が―・つ」

自作の、これらのケースでも「立つ」の表記でOKでした。

こういったケースでは「建」の表記を目にすることも多いのですが、ちなみに「建つ」の言葉についてデジタル大辞泉を見てみると、

た・つ【建つ】

1〔動タ五（四）〕《「立つ」と同語源》建物などがつくられる。「新居が―・つ」「石碑が―・つ」

とあることから、マンション等を〝建設〟する場合に用いるのが妥当との感があります。

⑨「ヅカヅカ」は旧表記だそうです

相手がプライベートな時間を過ごしているにもかかわらず、〝ズカズカ〟と突進していくようなイメージがあるんだけど……

これは漢字の表記ということではないんですが、当初、自分は「ヅカヅカ」と表記していたのですが、その頃たまたま、貴乃花親方が書かれた『生きざま』という自伝の中で、「ズカズカ」と表記されていたのを目にしたので、デジタル大辞泉で確かめてみたところ、こうありました。

ずか‐ずか【ずかずか】

〔副〕《古くは「づかづか」とも表記》遠慮なく乱暴に入ったり近寄ったりするさま。「―（と）上がり込む」「他人の心に―（と）入り込む」

今は「ズカズカ」と表記した方が良いみたいです。

⑩このケース、「透き」の方が適切なのかと思うも、シンプルに考えて良かったみたいです

……ハッとした。こんなことをあれこれと考えているけど、今、自分がいるのは、帰宅途

中の人気のない住宅街の中じゃないか！　今の自分は〝隙だらけ〟じゃないのか⁉

デジタル大辞泉を見ると、

すき【透き／隙】

1物と物との間。間隙（かんげき）。すきま。「戸に―がある」「割り込む―もない」

3気のゆるみ。油断。また、つけいる機会。「相手の―につけこむ」「―をねらう」「―を見せる」

とあるので、個人的には、「隙」の表記を用いるのは物理的なケースの場合にというようなイメージがあったので、自作のこのケースでは「透き」の方を用いた方がいいのかと思ったものの、担当の編集者からは「『透き』でも正しいのですが、今どきは『隙』を使う方が多いようです」とのことだったので、〝フツーに〟この表記とした次第です。

⑪大量の睡眠薬なんて酒なんかと「合わせちゃ」……あれ？　「併せちゃ」ダメ？

お酒でもてなす風を装って、奴は酒の入ったグラスの中に睡眠薬を投入し……そうだよ！

あんな薬、酒なんかと合わせちゃダメじゃん！

自作の中でこう記述した際、ふと、「あれ？　意味を考えれば『併せ』の方が適切なのか？」と感じ、デジタル大辞泉で確認してみました。

あわ・せる「あはせる」【合（わ）せる】

〔動サ下一〕〔文〕あは・す〔サ下二〕《合うようにする。一致させる、が原義》

1（「併せる」とも書く）二つ以上のものを一つにする。

㋓薬や食品などをまぜる。調合する。「二種の薬を――・せる」

「併せて」もいいみたいです。

⑫一口に「もと」と言っても……

ここも例文を二つ取り上げます。

雑誌の記事等によれば、今は身元引受人の許を離れて一人で生活しているんでしょ。

大きく手を振りながら、その警察官の許へと駆けて行った。

当初、「元」と記述しようとした時、前述した「合わせる」同様、こんな単純な表記でいいのか？　との疑問を感じ、辞典で確認することにしましたが、これについては自身が把握し易い説明がされていたこともあり、大辞林第三版から引用させて頂きました。

もと【下・許・元】

〔もと（本）と同源〕

②ある人のいる所。また、その人の影響の及ぶ所。「博士の指導の—に新製品を開発する」「恩師の—を尋ねる」「親の—を離れる」〔「そば」の意では「元」とも書く〕

やはり、〝こんな単純〟なものではなかったものの、自作の後者の場合については「許」と「元」、どちらの表記でもOKなようです。

⑬これじゃ、コントでした

でも、こんなこと聞いたって、どうせ、

「うちは、そんなことないよ」

って一笑に付されるだけだろうし

一笑（いっしょう）に付・す【一笑に付す】

笑って問題にしないでいる。ばかにして相手にしない。「提案は—・された」

デジタル大辞泉にはこうあるものの、当初、自分自身は「一笑に伏す」と表記してしまっていたのですが、〝イメージ映像〟として表現するなら、こんな、今やコントやバラエティ番組でのお笑いタレントの振る舞いとしても〝クラシカル〟あるいは〝ローカル〟的なものとなっているような表記が、果たして国語辞典に載っているのか。何の疑問も持たなかったことは、我ながら恐ろしい限りです……。

⑭チーム内からはブーイング必至でしょうけれども……〝逆チャレンジ〟させて頂きます

まず、このケースの「チャレンジ」という言葉についてですが、これは一般的な「挑戦」という意味合いも含まれていると思われるとは言え、スポーツの世界の「業界用語」で、例えばメジャーリーグの場合、審判が判定したセーフかアウトについて、基本的には、監督が一試合の内二回、抗議出来る権利があるというもので、例えば、イチロー選手が俊足を生かして内野安打にしたものの、肉眼ではアウトかセーフ、どちらとも言えるようなプレーだった場合、相手チームの監督が、審判員達にビデオをチェックしてもらい、改めて、判定の正否について考えてもらうというもので、自分の場合、審判役の担当の編集者に、温情で「セーフ」と判定してもらったことに対し、「今のはアウトでは?」と申告するようなものであり、編集者にしてみれば「面倒な奴」との思いもあるでしょうし、チーム内、すなわち出版社側にしてもブーイングものでしょうけれども、エラーがあったことに気付いているのに〝放置プレイ〟にしておくのは、自身、何かすっきりしないものがある故、ここでは、あえて「逆チャレンジ」させて頂きます。

田中のカミングアウトを小耳に挟んでしまったとしたら、そりゃ、多少の動揺はあるかも知れないけど、それで自身の俗っぽい気持ちがムクムクと湧き上がるなんてこともないでしょ？

担当の編集者にその作業をお願いしている時に、右の「湧き上がる」については「沸き上がる」という表記に、あるいは「湧いてくる」という表現にすべきだと気付いていたのに、最終原稿をどのようにするかを自分が判断する段階で、訂正すべきこの箇所について忘れていました。

わき‐あが・る【沸き上(が)る】
〔動ラ五（四）〕
2興奮した雰囲気が高まる。ある感情が激しく起こる。「観声が―・る」「憤りが―・る」
わ・く【湧く／×涌く】
〔動カ五（四）〕

4ある考えや感情が生じる。「疑問が―・く」「興味の―・かない話」「勇気が―・いてくる」

「沸き上がる」にしても「湧く」にしても、その意味合いは同様ではあるものの、「わき上がる」という言い方にするのであれば、あくまでも「沸」の表記にするべきでした。

念のため、広辞苑で確かめても、やはり「沸き上がる」でした。

第二節　微妙に困る、「多分これでいいはずだが？」の認識

簡単にメールで事を済ませるケースは別として、改まった形で人に宛てる手紙を書く時や会議に使う書類をパソコンで作成する際、使おうとしている言葉の意味について、自身が認識している通りであるとの確信が持てず、躊躇したという経験はないでしょうか？

本を出版しようというのなら、それは尚更で、いくら言葉を駆使して創作活動に取り組んでいるといえども、普段、自分が口にしている言葉や頭の中で考えている、その基となっている言葉の多様性等たかが知れていますし、また、ＴＶや新聞等のマスメディアを通じてなら、比較的色々な言葉を目にし、耳にしていても、単に聞き流し、読みっ放しにしているだけでは、なかなか身に付いてはくれません。

本を執筆する、つまり、万単位の文字数を使用する作業であるため、その言葉の意味について確実に把握出来ていなかったとしても、用いる必要に迫られる場合だって当然ある訳ですが、こういった〝あやふや〟なケースを、自作の中から幾つか取り上げてみようと思います。

①無意味に〝上下逆さま〟になっているのではないと思います
――「対応」と「応対」

ごく日常的な光景の一つとして、来客相手に女性事務員さん達が話を弾ませているのだが、その中に会社の計理士である大野さんという人がいて、特にこの人の場合、なかなかの博識振りを発揮し、話題豊富に世間話をしながら帰っていくのが常で、事務員さん達も、その間、ニコやかに応対しているのだが

おう‐たい【応対】

〔名〕（スル）相手になって、受け答えすること。「どんな客にも巧みに―する」「電話の―がうまい」

ちなみに、このケースで比較するのに適した、デジタル大辞泉の「対応」の意味は、

たい‐おう【対応】

〔名〕（スル）

4周囲の状況などに合わせて事をすること。「現実に―した処置」「―策」

ということから、〝人〟を相手にする場合は「応対」で、〝状況〟等に対する場合は「対応」の方がベターとの確認を致しました。

②「死体」と「遺体」
――前者なら小学生でも言える。大人なら後者の方を口に〝死体〟？

一九九九年の世紀末に都内の公立中学校で起きた女子生徒殺害事件。バラバラに切り刻まれた遺体がポリ袋の中に入れられ、更にその袋を入れた段ボール箱が校庭に放置されていたあの事件――。

い‐たい〔ヰ‐〕【遺体】
1《魂が去って遺（のこ）された身体の意》死んだ人のからだ。なきがら。遺骸（いがい）。「死体」よりも丁寧な言い方。「―を安置する」

し‐たい【死体／×屍体】
死んだ人間・動物のからだ。生命の絶えた肉体。死骸。しかばね。「白骨―」「―遺棄」

とデジタル大辞泉にはあり、また、補足説明を見てみると、
「死体」「死骸」「しかばね」には肉体を物としてみている語感があり、人格を認めた表現にはふつう「遺体」「遺骸」「なきがら」などを用いる。

とあることから、自作のケースでも、〝粗末〟に扱うことは避けました。

③後者の方が〝アクティブ〟なものを感じます――「意思」と「意志」

一瞬、男の手にする包丁が体と同化し、更にはこれ自体意志を持ったかのように、今にも奇声を上げそうな錯覚に陥った。

デジタル大辞泉の〔用法〕の所では、それぞれの違いについて、こう説明されています。

「意志」は「意志を貫く」「意志の強い人」「意志薄弱」など、何かをしよう、したいという気持ちを表す場合に用いられる。

「意思」は、「双方の意思を汲(く)む」「家族の意思を尊重する」など、思い・考えの意味に重点を置いた場合に用いられる。

男の体と同化し、且つ奇声を上げそうな錯覚を覚えた包丁に対してなら、「意志」の方が様になるでしょう。

④「人格者」という言葉があることからも、「品格」を備えているからこその「人格」だとも思いましたが……

こういう人としての核、人間力に伴う人格、品格において、現在の日本は、貧しい農村の一家よりも大きく劣っていると言わざるを得ない。

じんかく【人格】
①人柄。品性。「―の修養に努める」「立派な―の持ち主」

ひん‐かく【品格】
その人やその物に感じられる気高さや上品さ。品位。「―が備わる」

ここでも、自身が把握し易い説明がされていたので、「人格」についてはデジタル大辞泉ではなく、大辞林第三版を引用させて頂きます。「人格」の説明における〝品性〟からは、人格も品格とダブるところがあるかと思いますが、〝人柄〟に注目し、品格とは分けて考えました。

⑤子供を育て上げるのは、親の「役目」？　それとも「役割」？

奥さんの心の中にはとっくに旦那を愛することの出来ない〝私の中のもう一人の私〟がいるものの、子供達もまだ小さく、この子供らのためにも夫を、子供達を、そして家族を愛する良き妻であり母親でなければならなかったが、やがて子供達も大きくなり、母親の役割がなくなって初めて、旦那からすれば、〝妻の中にいたもう一人の妻〟の存在を知ることになるという訳なのだろう。

「身につまされる」思いをさせてしまった方もおられるかとは思いますが、とりあえず、それは〝さて置かさせて頂く〟として、デジタル大辞泉には、

やく‐め【役目】

役として成しとげなければならない仕事。役としての務め。「いやな―を負わされる」

やく‐わり【役割】

2社会生活において、その人の地位や職務に応じて期待され、あるいは遂行しているはたらきや役目。

とあり、また、〔用法〕について、「なすべき務めの意では相通じて用いられる」ものの、「『役割』はやや文章的」との説明に目が留まり、こちらを用いましたが、よく見ると「役目」は「なすべき務めとそれに伴う立場を含めていうことがある」とあり、「役割」は「組織や団体の中で果たすべき任務の意で用いることが多い」としていたことから、自作の場合、むしろ「役目」を用いた方がベターだった感があります。

⑥店員は、客に商品を「薦める」のか？　それとも「勧める」のか？

そう言えばこれまで、ＤＶＤのレンタルショップの店員で、怪しげなホラー映画ばかり勧

めてくる、ひょっとして、自身、どこかで猟奇殺人でもやっていたんじゃないのかと疑われるような奴とかっていなかったっけ？　例えば「『八仙飯店之人肉饅頭』なんかお勧めですよ」だとか何とか……

すす・める【薦める】
〔動マ下一〕〔文〕すす・む〔マ下二〕《「進める」と同語源》ある人や物をほめて、採用するように説く。推薦する。「有望株を━・める」

すす・める【勧める／▽奨める】
〔動マ下一〕〔文〕すす・む〔マ下二〕《「進める」と同語源》
２物を供して、飲食または使用してもらおうとする。「茶菓を━・める」「風呂を━・める」

ＤＶＤの商品そのものに重点を置くなら「薦める」で、ＤＶＤを観るという行為に重点を置くなら「勧める」が妥当かと思います。また、自作のこのケースはどちらにも解釈出来るかと思うのですが、そのＤＶＤを観るかどうかは、あくまでも客の判断に委ねるという〝奥ゆかしさ〟のある店員なら「薦める」のでしょうけれども、〝人肉饅頭〟なるインパクト大のタイトルのＤＶＤを平然とプッシュしてくるような〝図太い奴〟について想像している場面なので、「勧める」の方が妥当かと……いや、だからと言って、勿論、この映画のことを中傷しようとするつもりは毛頭ありませんので悪しからず。

ちなみに、この映画の原題は饅頭ではなく〝叉焼包〟です。

⑦今、後者を用いた言い方がポピュラーになっていますが……「用意」と「準備」

もっとも、今、通り魔事件なんて、その多くが〝劇場型〟へと特化しているから、奴らだって、〝観客の少ない〟こんな住宅街を〝舞台〟とするのは不満があるだろう。

事を起こすなら、むしろ、さっき自分が帰宅のために電車を降りた、多くの乗客で賑わっている駅の構内等を舞台に選ぶだろう。

……しかし、疲れます。常にこんな風に意識していなければならないなんて……。でも、好むと好まざるとにかかわらず、これが今の日本の現実の側面なのだし、自分の身を守るための用意はしておかないと。

例えば、アスリート達のコメント等を見聞きしても、圧倒的に「準備」という言葉が使われていますし、完全に〝今風〟です。

「用意？　古くない？」

いえいえ、新しいか古いかではなく、また、ポピュラーか否かでもなく、デジタル大辞泉の

〔用法〕の所に注目すると、「前もって整える意では、相通じて用いられる」としながらも、「準備」は、「大会の準備をする」といえば、必要な物をそろえるだけでなく、そのための組織を運営することをも含み、総合的であるといえる。

「用意」は「大地震にそなえて十分な用意をする」「当日は上履を御用意ください」のように、必要なものを前もってそろえておくことに意味の重点がある。

とあるので、自作のこのケースでは「用意」としました。

でも、あれ？「心の準備」という言葉があるけど、「用意」と「準備」それぞれの意味合いを考えた場合、この言葉遣いでいいのか？　とも感じましたが、「準備」の言葉についての例文には「心の――」とあるし、また例文の所だけではなく、この言葉自体、デジタル大辞泉に載っていました。

⑧「面倒」と「厄介」の違いについて考えるなんて〝面倒〟？

他の部屋の入居者、もしくは彼氏とかの関係者が、風呂場の天井の点検口を開け、天井裏へと上がって移動し、他の部屋の点検口から侵入してそこの入居者の殺害行為に及ぶなんて、こんな厄介でリスキーなことをするか？

当初、自分は「面倒」の方を用いていたのですが、デジタル大辞泉の〈用法〉を見てみると、「わずらわしいの意、また人をわずらわすの意では相通じて用いられる」としながらも、「面倒」は気分としてわずらわしいという意が強いのに対し、「厄介」は事柄そのものが手間がかかってむずかしいというときに多く用いられる。

とあることから、自作のこのケースでは、明らかに「厄介」の方を用いるべきだと分かった次第です。

⑨口の両端のどちらかを指す場合、「一方」と表現するべきなのか？　それとも「片方」なのか？

その言葉を受け、二の句が継げないでいる自分の姿に、検察官は尚も冷徹な眼差しを向けながらも、一方の端を吊り上げたその口が歪んで見えるかのような、微かな笑みを浮かべる。

当初、自分は「片方」と表現していたのですが、この言葉は靴や手袋等、対になっているものに対して用いるべきで、口の両端それぞれは、果たして対と言えるのか？　と思い直し、デジタル大辞泉で確かめてみたんですが、「一方」については「片方」とも説明されており、また、

「片方」の〈用法〉の所では、例文として「片方（一方）の脚が痛い」等の記述があることから、どちらを用いても間違いではないのかも知れませんが、口それぞれの端は、足と同等には考えづらい。例えば、仮に、ちょっと不気味な想像ではありますが、人間には口が二つあるのが当たり前だったとしたら、これらの内の一つは「片方」なのでしょうけれども、口の両端というのは……との思いから、「一方」を選択しました。

⑩仮にお金を借りているのに、まだ返していない相手がいたとしたら、「引け目」それとも「負い目」を感じる？

ここでも、自作の中から例文を二つ取り上げてみようと思います。

そうか！　親としても、自分の息子なのに一緒には住めないという負い目があるし

普通、その人自身の負の感情から吐き出される他人の陰口・悪口は愉快なものでは決してないのだが、大山さんが口にするこういった話は例外的に、いや、〝奇跡的に〟と言ってもいいくらい、聞く者に苦痛を感じさせないどころか、こんな言い方をしたら自身引け目を感じるのだが、端的に言って面白いのだ。

ひけ‐め【引け目】

〔名・形動〕

2自分で意識している弱み・欠点。「こちらにも―がある」

おい‐め〔おひ‐〕【負(い)目】

1恩義があったり、また自分の側に罪悪感などがあったりして、相手に頭が上がらなくなるような心の負担。「道義的に僕は彼に―がある」

特に相手を意識するような場合には、「負い目」を用いるべきだと考えています。

⑪前述した「役目」と「役割」の違いに続き、これも、国語辞典は最後までよく読むべきだと実感――「了承」と「了解」

りょう‐かい〔レウ‐｜リヤウ‐〕【了解／×諒解】

〔名〕（スル）

1物事の内容や事情を理解して承認すること。了承。「―が成り立つ」「来信の内容を―する」

デジタル大辞泉にもあるように、「了解」の説明に「了承」が使われていますから、同一のものと考えても構わないのでしょうけれども、〔用法〕の所では、了解と理解の違いについての説明がされていて、更に類似の語として「了承」と「了解」の違いについても触れており、「ほぼ同じに使うが」としながらも、「『了承』は『了解』よりも承認する意が強い」としていることから、自作の中の、例えば、

睡眠薬？　……まずは睡眠薬だろ。睡眠改善薬のような程度の軽い市販の物じゃなくても、案外、簡単に手に入るんでしょ、医者の了承が得られるような理由があれば。

このケースでは「了承」で良かったものの、

了承を得ようとしている場合じゃない！　家に入らせてもらう！

住宅街の中で、三田が殺人鬼に追われている時、目に入った一軒の家で、インターホンを通じて住人に助けを求めたものの、なかなか姿を見せないことに対して苛立ちを感じている場面ですが、こちらのケースは「了解」を用いた方がベターでした。

⑫「異常」と「異状」――どちらにも〝感じる〟という言葉を用いることは出来るのでしょうけれども……

例えば、真っ先に処分するのは枕だ。俺を窒息死させるために使った時、もし、俺が異状を感じて強く抵抗でもしようものなら

三田が、かつての〝世紀末の殺人少年〟ではないのか？　との疑いを抱いている、同僚の田中の住まいであるアパートへ招かれた際、田中に殺害されるのではないかと危惧している場面ですが、デジタル大辞泉では「異常」と「異状」、それぞれについて、

い‐じょう〔‐ジヤウ〕【異常】
〔名・形動〕普通と違っていること。正常でないこと。また、そのさま。「この夏は―に暑かった」「―な執着心」「害虫の―発生」
い‐じょう〔‐ジヤウ〕【異状】
普通とは違う状態。「これといって―は認められない」「―を呈する」

とあり、「異状」の説明の中の〝状態〟に注目し、自作のこのケースでは、こちらの言葉を用いました。

⑬あれ？　国語辞典には「がさばる」って言葉は載っていないんですけど……

枕やカーペットの処分に使用した道具にも俺のＤＮＡが付着している可能性が十分あるか

ら、その道具の処分も必要になるな……とすると、そのためにかさばるようなハサミ等ではなく、カッター等のような、もっと軽量の物を使うんだろうか？

前述に引き続いての場面で、当初は「がさばる」と表現していて、一応、デジタル大辞泉でその意味を確認しようとしたところ、「がさばるに一致する情報は見つかりませんでした」と画面に表示され、ひょっとしたら「かさばる」が正しい言い方なのかと、改めて、この言葉で検索したところ、

かさ‐ば・る【×嵩張る】

〔動ラ五（四）〕物のかさが増す。体積が大きくて場所をとる。「荷物が―・る」

とあり、解決したものの、「がさばる」という言い方もよく耳にするので、よくある、多くの人達が誤って認識しているケースなのかと思い、試しにウェブ検索してみると、ＹＡＨＯＯ！の「知恵袋」の所で、ベストアンサーに選ばれた回答に「『がさばる』って方言、各地にありますね」とあり、もしかしたら、この方言自体、間違って各地に広まっていったものなのかも知れませんが、いずれにしても、国語辞典を参考にするべきでしょう。

⑭「簡素化」と「単純化」を一緒くたにするなんて〝単純〟な考え方？

どんな人間に注意を向けるべきなのか判然としない〝ボーダーレス〟な、平成のこの時代に、これは〝昭和的〟過ぎるだろう。こんな単純化された〝勧善懲悪〟なんて時代錯誤だよ。

人間について多面性のある存在だと捉えている三田が、例えば、殺人の罪を犯したその者の人となりを知る人が、報道番組のレポーターからそのことについて聞かれた際、漠然と犯人のイメージに沿うような面を取り上げて応えるようなことに対しての思いを語っている場面ですが、当初は「簡素化」と表現していたものの、デジタル大辞泉では、このように説明されていました。

かんそ‐か〔‐クワ〕【簡素化】

〔名〕（スル）むだを省いて簡単にすること。「事務処理の―」

人間が持つ多面性のこれらについて、〝無駄〟とするのは適切な捉え方ではないでしょうから、「単純化」に訂正しました。

たんじゅん‐か〔‐クワ〕【単純化】

〔名〕（スル）こみいっている物事を単純にすること。「機構を―する」

⑮想像力は「働かす」もの？　それとも「働かせる」もの？

「まあ、想像力を働かせるしかないよね。新聞だとか雑誌の記事なんかを基にしてさ」と表現した後で、ふと、「あれ？『働かす』という言い方が適切なのか？」と。つまり、「働かす」は、想像力を中心に考えた場合、どこか能動的で、「働かせる」は受動的という感じを受けたので、自身の想像力というものに対しては前者を選択するべきなのかと思い、デジタル大辞泉と大辞林第三版で確かめてみたのですが……。

はたらか・す【働かす】
〔動サ五（四）〕働くようにする。労働させる。また、機能を発揮させる。働かせる。「頭を―・す」「想像力を―・す」

はたらかせる【働かせる】
〔動サ下二〕〔文〕サ下二　はたらか・す
「働かす」に同じ。「想像力を―・せる」「知恵を―・せる」

「働かす」＝「働かせる」でした。

⑯これまで例示しました微妙な言葉の使い分け等、氷山の一角です

自作では特に意識していなかった「却《かえ》って・寧《むし》ろ」「開(あ)く・開(ひら)く」「普通・普段・通常」等々、微妙な言葉の使い分けなんて山程あるため、今回でＥｎｄマークを打つには到底至らず、「to be continued」の〝シリーズもの〟として取り組むべき課題の一つとなったことを、最後にお断りさせて頂きます。

第三節　間違った言葉遣い

以前、NHKで放送されていた、楽しく見ながら日本語についての知識を深めることが出来るといった番組のある回で、某有名人の歴史的な名ゼリフについての言葉遣いの間違いを指摘していたことがあったのですが、その点については余り粋なことではないと感じたものの、このことについてはともかく、他人が口にした言葉の誤りが気付かなかったくらいなのに、自作の中の自身の言葉遣いの間違い等、果たしてどれ程把握出来ていただろうかとの思いは今も残っていますが、それでも、気付いたものの中から、幾つか取り上げてみたいと思います。

もっとも、言葉は悪いのですが、たとえ間違っていたとしても、例えて言うなら、観客の肉眼では野球選手がスライディングキャッチに成功したファインプレイに見えたとしても、TVカメラがその様子を捉えた映像では、地面に落ちたボールを巧みにすくっていたという程度には格好は付けたいものです。いや、申し訳ありません。こんなことを言ったら、王さんに叱られてしまいます。

このことは〝さては置けませんが〟、エラーをしたという自覚のあるものについてご覧下さい。

①〝かつての〟でも、頭に「元」は付けなくていいんですね

つい、この間も、都内にある大学の教授が殺害された事件で、元教え子の男が容疑者として逮捕されたという報道があったばかりだというのに……

自作については出来る限り現実味を帯びるようにしたいという思いから、実際にあった事件の数々を所々に盛り込んでおり、この事件は、以前、自身が教えていたその大学の卒業生に教授が殺害されたというものだったので、こういう表現をしたのですが、「教え子」について、デジタル大辞泉では、このような説明がされていました。

おしえ‐ご〔をしへ‐〕【教え子】

教師・師として、自分が教えたことのある相手。また、現在教えている生徒。弟子。

たとえ卒業生であったとしても、〝元〟は不要だったので、次のように訂正しました。

教え子の男が

②えっ、「初老」って四〇歳のことだったの!?

酒の飲み過ぎで、かなり肝臓がやられているのかと思わせるまでに肌を黒くすませ、顔中に深い皺を刻んでいる初老の男が、拳をテーブルに叩き付け怒鳴り声を上げるその脇で、店員の中年女性が体を硬直させている場面に出会したりする。

バラエティ番組で、四〇歳になったある女性のお笑い芸人が、「初老」という言葉は辞書では四〇歳のこととしてある旨を語り、自身を卑下して笑いを誘っていたことがあり、この時点では、既にこの言葉について、こちらもデジタル大辞泉で確認していたはずなので、「通り一遍に見てしまっていたのか!?」と、不覚に思う羽目に。と言うのも、自分としては四〇歳をイメージしたものではなかったので、「顔中に深い皺を刻んでいる」という表現は直す必要があるかと、改めて確認してみると、

しょ‐ろう〔‐ラウ〕【初老】

2もと、40歳の異称。

とありました。想像するに、これは今よりも日本人の平均寿命が短かった時代の感覚ではなかったのかと。ただ、「初老」は体に変調を来たし始めるような年齢層を指す言葉とも言われており、「四十肩」等の言葉があることから、その辺りの年齢を初老とする考え方もあるでしょ

う。まあ、いずれにしても、ますます高齢化社会となっていく今の日本において、四〇歳で年寄り扱いされたら、たまったものではありません。

③NHKから教わっていたので、この言い方については知っていました

〝いい奴ぶって〟愛嬌を振り撒いているが、二度と来店しないと見た。

以前、あるNHKの番組で、間違え易い言葉遣いの一例として、「愛嬌を振り撒く」とすべきところを「愛想を振り撒く」としているケースも多いと取り上げていたことがあり、その知識があったことから、自作のこのケースは正しく使えました。

④おい、小池！　二一七万件もあったんだぞ！

生前、警察に寄せられていた目撃情報の数ではありません。デジタル大辞泉が「もっぱら損得をもとにして行動すること」としてある言葉を、皆さんは、一言でどのように言い表していますか？　「損得勘定」？　――この言葉をキーワードにウェブ検索して得られたのが、二一七万という件数でしたし、自分もまた、改訂前の文章の中でこの言葉を用いていました。

例えば、食の安全に注意を払う等全くせず、損得勘定で〝毒物まみれ〟といった類の輸入食材を使うなんてことは当たり前で、その上、客の食べ残しを使い回すこと等も日常茶飯事とけれども、デジタル大辞泉には「損得勘定」なんて言葉は載っていません。ウェブ検索した結果、二〇〇万件もあれば、ある意味、現代用語と言えるのかも知れませんが、ここは基本に忠実にいくことにしました。

損得尽くで〝毒物まみれ〟といった類の

そんとく‐ずく〔‐づく〕【損得▽尽く】

もっぱら損得をもとにして行動すること。「―で請け負った仕事」

ちなみに、この言葉をキーワードにウェブ検索して得られたのは、僅か一三一件でした

……。

⑤爆笑は一人では出来なくても、「爆睡」は可能？

爆睡している俺の顔に、思いっ切り枕を押し付けて窒息死させ……

何気なく爆睡という言葉を用いていましたが、辞書にもあるように、以前、あるTV番組で、本来、大勢の人達が笑い声を上げている様を「爆笑」と言うのに、一人が大笑いしている場合でも用いてしまうケースが多いと、その間違いを指摘していたことを思い出し、だとすると、どことなく〝お仲間っぽい〟「爆睡」に関してはどうなんだろう？　という疑問が浮かび、デジタル大辞泉で確かめてみました。

ばく‐すい【爆睡】

〔名〕（スル）《若者言葉》起こそうとしても目が覚めないくらい深く眠ること。

こちらの方はOKでした。

⑥〝案外〟、「結構」の方を使っていたりするかも

似顔絵を描く才能のある人達に共通する特徴として、対象者の特徴を誇張して描くということが、その一つとして挙げられるんじゃないかと思うのですが、それ故、対象者である本人にとっては余り嬉しくない描き方になることもあり、以前、似顔絵を描くのを得意としている、ある女優がバラエティ番組に出演した際にその才能を披露していたのですが、やはり、対象者の顔が滑稽なまでにデフォルメされたものになっていて、これを目にした司会者が、その絵を通じて女優の人柄を想像し、「結構、意地悪なんじゃないの？」と聞いていましたが、その真

偽はともかく、この「結構」という言葉遣いは、おそらく、本人も気付かない内に間違っていたんじゃないかと思うのです。と言うのも、この言葉についてのデジタル大辞泉の説明では、

けっ‐こう【結構】

三〔副〕完全ではないが、それなりに十分であるさま。「子供でも―役に立つ」「―おもしろい」

とあり、つまり、「相当」とか「かなり」という言葉に置き換えられるということですから、仮にこの女優が、司会者が口にした通りの人物だったとしても、「あなたは相当意地悪なんじゃないの？」という言い方は失礼に当たるし、この点については、司会者だってわきまえていたと思います。無意識に結構という言葉を使ってしまったものの、おそらく、本人としては、このようなつもりだったんじゃないでしょうか。

あん‐がい〔‐グワイ〕【案外】

〔名・形動〕

1予想が外れること。思いがけないこと。また、そのさま。思いのほか。副詞的にも用いる。「彼女には―な一面がある」「―よくできた」

このように想像するのも、自作の中で、やはり、「案外」を用いた方がベターだと思われたケースがあったからです。

睡眠薬？　……まずは睡眠薬だろ。睡眠改善薬のような程度の軽い市販の物じゃなくても、結構、簡単に手に入るんでしょ、医者の了承が得られるような理由があれば。

改行前のこのケース、結果的に間違いではないとも言えますが、自分としては、やはり次のように表現したいと思いました。

案外、簡単に手に入るんでしょ

⑦一応、常識を疑ってみましたが　――「突拍子もない」

自分でも、突拍子もない考えだとは思うのだが……。

「突拍子もない」――割と耳にする言葉だと思いますが、この突拍子についてのデジタル大辞泉の説明では、

とっ‐ぴょうし〔‐ピヤウシ〕【突拍子】

調子はずれなこと。度はずれなこと。

とあったので、「突拍子もない」は、突拍子を否定する言い方なのか？　とも感じたのですが、

ちょうどＹＡＨＯＯ！の「知恵袋」で、自分と同じ疑問を抱いている人が、その質問を寄せていたので、「ベストアンサーに選ばれた回答」を参考にしたところ、「突拍子もない」の〝ない〟は否定ではなく、強調の意を添えるものだとし、「とんでもなく調子はずれである」という意味になる旨の記述があったのですが、そもそも「突拍子もない」という言い方を一つの言葉としてデジタル大辞泉で調べれば、簡単に済んだところでした。

突拍子（とっぴょうし）もな・い【突拍子もない】
　とんでもなく調子外れである。突飛である。「―・いことを言い出す」

⑧我ながら、何と〝ベタ〟な間違いを……

後にネット上で、新聞記事によると「日本人の七割近くが誤用している」との事実を知ったのですが、今にして思えば、自身、非常に恥ずかしい間違いをしていました。自作の中で、当初、「足元をすくわれる」と表現していた箇所――内容的に伏せておくべき件《くだり》についてのものなので、ここでは具体的な例文として取り上げることは出来ませんが――があったからです。

すく・う〔すくふ〕【×掬う／▽抄う】
〔動ワ五（ハ四）〕
２下から上へすばやく持ち上げる。また、下から持ち上げるようにして横にはらう。「足を━・われる」「小股を━・う」

デジタル大辞泉の例文にもあるように、正しくはこの言い方でした。

⑨犯人を〝敬う〟のは常識外れでした

殺害方法は被害者の頭にビニール袋を被せ、首を絞めたというもので、こんなサスペンスドラマ等でしかお目にかからないようなことを、人は現実の世界でもやってしまうんだ……との思いがあった。

〝同罪〟の人を求める訳ではありませんが、自作の中でもこう表現したように、どこか何気なく使ってしまいがちな言い方ではないかとも思うのですが、デジタル大辞泉では、

御目（おめ）に掛（か）か・る【御目に掛かる】

１「会う」の謙譲語。お会いする。「━・れて光栄です」

とありました。つまり、自作では犯人に対して敬語を使っていた訳ですから、言語道断といったところでした。ですので、次のように訂正しました。

こんなサスペンスドラマ等でしか**目にしない**ようなことを

⑩どこかで耳にし、知らぬ間に自身の知識となってしまっていることの怖さ「うがった見方」。そして、この問題提起は〝うがって〟います？

うがった見方かも知れないが

自作の中の、改訂前のこの言葉遣いについて、当初、自分は「『正しい捉え方をしていない』といった意味合いのものでしょ？　でも、まあ、一応、確認しておくか」くらいの気持ちでデジタル大辞泉を見てみたんですが、不思議な感覚に囚われてしまいました。

うが・つ【×穿つ】

〔動タ五（四）〕《上代は「うかつ」》

3人情の機微に巧みに触れる。物事の本質をうまく的確に言い表す。「―・った見方」「彼の指摘は真相を―・っている」

最初、この説明を目にした時には、「同音異義語」について検索してしまったのかとさえ思いました。と言うのも、この言葉について、それまで自分が認識していたものとは全く違っていたからというだけではなく、自分が記憶している限りでは、「えっ、この説明に則した使い方をしている人なんて、いなかったでしょ⁉」という思いもあったからです。

けれどもデジタル大辞泉には、これ以外に「うがつ」の言葉は記載されていません。それでも、認識と事実との間に余りにも開きがあったので、なかなか確信が持てずにいたところ、YAHOO!の「知恵袋」の所で、この言葉についての質問に対するベストアンサーに選ばれた回答が辞書通りのものだったことから、一応、納得出来、更に、後に日本人の国語力に関するニュースにおいて、誤用の一例として、この「うがつ」を取り上げていたので、ようやく確信に至ると同時に、どこかで耳にしただけで覚えた言葉を用いることの危うさを、改めて思い知った一件でした。正しくは次のような言い方にするべきでした。

偏った見方かも知れないが

⑪「つげない」と〝濁音〟が入っていたんですね

その言葉を受け、二の句がつけないでいる自分の姿に、検察官は尚も冷徹な眼差しを向けながらも

改訂前に間違った言葉遣いをしていた、二の句がつけないの「つけない」、つまりは「吐けない」ではなく、正しくはこうでした。

二(に)の句(く)が継(つ)げ。ない【二の句が継げない】

次に言う言葉が出てこない。あきれたり驚いたりして、次に言うべき言葉を失う。「あっけにとられて―。ない」

単なる〝BGM〟として聞き流していると、こういうことになりますが、そもそも、自分が、このケースに相当すると思っていた「吐く」という言葉の意味はこうでした。

つ・く【▽吐く】

〔動カ五（四）〕《「突く」と同語源》

3好ましくないことを口に出して言う。「悪態を―・く」「うそを―・く」

ちなみに、「次に言う言葉が出てこない」と同じような意味合いのものだと認識している「ぐうの音も出ない」にしても、よく考えれば「ぐう」って何だろうと。この正体をちゃんと把握出来ていないと、これまた、分かっているつもりで用いてしまうことの危うさを感じます。デジタル大辞泉にはこうありました。

ぐう〔副〕

1呼吸がつまったり、物がのどにつかえたりして苦しいときに発する声を表す語。「―の音（ね）も出ない」

捉え方は合っているとは言え、苦しい時に発するその言葉が「ぐう」だという感覚はありませんでした。例えば、「はあ〜、しんど」とか「はあ〜、きつい」等という言い方を耳にすることはあっても、「ぐう、しんど」「ぐう、きつい」なんて口にしている人は見たことがないので、「ぐう」の意味が国語辞典の説明にあるようなものだと、はっきりとは認識出来ていませんでした。

⑫大先輩のお笑い芸人は、包丁をさらしに巻いた料理人か？

ちなみに、このタレントの大先輩である、あるお笑い芸人は「そういうグルメレポートってウソっぽくて嫌だ」と批判するのだが、このような言葉を口にするこのお笑い芸人自体、TV番組での振る舞いを見る限り、「舌先三寸」で世間を渡り歩いている感があったりする。

誰のことを言っているのか等と想像するより、この言葉自体に注目して下さい。

わたり‐ある・く【渡り歩く】

〔動カ五(四)〕１か所に落ち着かず、仕事や居場所を求めて転々と移り住む。「包丁一本で全国を―・く」

デジタル大辞泉ではこう説明されていたので、単に「渡る」とした方がいいのかと思い、確認したところ、

わた・る【渡る／∇渉る】

〔動ラ五（四）〕
8世の中を生きていく。暮らす。「世の中を巧みに―・る」
とあったので、こちらの方を選択しました。
「舌先三寸」で世間を**渡っている**感があったりする。

⑬「就職先」――もう、一般的な言葉になっているとは思いますが、本来は……

それに、自分がここんとこ事務所に顔を出すと、よく息子にいい就職先があるかどうか、そのことに心を奪われていた感じだしなあ。

TVのニュース番組等を見ても、このようにテロップされているように、殆どの人がこの言葉遣いをしているとは思いますが、国語辞典に照らし合わせてみると、本来、このような言い方になるようです。

しゅうしょく‐ぐち〔シウシヨク‐〕【就職口】

勤めることのできる先。勤め口。

おそらく、その意味から、言葉自体も〝先〟と使われるようになったのではないかと想像します。また、デジタル大辞泉の通りに「就職口」と表現し直そうかと思いましたが、この件は、担当の編集者には、一応、「よろしいのでは」としてもらいました。

また、この言葉と同様のケースを、自作の中からご覧になって頂こうかと思います。

職業柄、〝露出狂〟で逮捕されるのを免れているといった感のある、それこそ〝特異で衝撃的〟な類の芸人なんかも住んでいる所だしなあ、中野は……。

⑫の所でもお断りさせて頂きましたが、「誰のことなのか？」ということに気を取られたりせず、言葉自体に注目して下さい。本来は〝狂人〟ではなく、〝病人〟として扱うべきなようです。

ろしゅつ‐しょう〔‐シヤウ〕【露出症】

自己の性器などを異性に見せることによって性的快感を得る性的倒錯。

⑭「年季がはいっている」ことを〝年寄り〟等と軽んじては、自身が軽んじられます

何よりもこの街を象徴しているものと言えば〝中野ブロードウェイ〟なのだが、その名前の

響きに反し、〝正体〟は年季がはいった雑居ビルで

当初、自身は、古い建物という意味でこの言葉を使ったものの、大辞林第三版には、こうありました。

ねんきがはいっている【年季がはいっている】

長年そのことに携わっていて、熟練している。

そもそも、建物にこの言葉を用いることは出来ませんから、次のように訂正しました。

〝正体〟は**古めかしい**雑居ビルで

⑮どちらの権威を上に見るという訳ではありませんが、「乱入」は複数の者達による行動か？

車の運転中に信号待ちをしていた時、ふと横を見ると、とある小学校が目に入ったのだが、そこでは、八年前に大阪で起きた、包丁を手にした男が小学校へ乱入し、児童を次々と殺傷した事件を教訓としてか

らん‐にゅう〔‐ニフ〕【乱入／濫入】

〔名〕（スル）多くの者がむりやりどっと押し入ること。「観衆がグランド内に―する」

デジタル大辞泉にはこうあったので、「えっ？　乱入って、一人の者が起こす場合には使えないの？……」と、このネット上の辞書の説明に、自分自身は、少々納得のいかないものがあったので、広辞苑の編集部の方に言葉遣いについて色々とお尋ねした際、ついでに、この乱入についての見解を求めたところ、「『広辞苑』の『乱入』の項目では、『複数の者』ということは説明で使っていません」との回答を頂きました。ただし、標記でもお断りさせて頂いたように、どちらの権威を上に見るということではなく、一つの言葉に対し、語学の専門家によって様々な見解があるという意味で、取り上げさせて頂いた次第です。

もっとも、自作のこのケース、乱入という強めの言葉を使う程でもないかと、最終的には、このように表現しました。

包丁を手にした男が小学校へ**押し入り**――

⑯「やがて」の有効期間って、どのくらいだろう……

奥さんの心の中にはとっくに旦那を愛することの出来ない〝私の中のもう一人の私〟がいるものの、子供達もまだ小さく、この子供らのためにも夫を、子供達を、そして家族を愛する良き妻であり母親でなければならなかったが、やがて子供達も大きくなり、母親の役割がなくなって初めて、旦那からすれば、〝妻の中にいたもう一人の妻〟の存在を知ることになるという訳なのだろう。

再び例文として取り上げましたが、「身につまされる」方がいたとしたら、重ねてお詫び申し上げます。

やがて【×軈て／▽頓て】

〔副〕

1あまり時間や日数がたたないうちに、ある事が起こるさま。また、ある事態になるさま。そのうちに。まもなく。じきに。「―日が暮れる」「東京へ出てから、―三年になる」

デジタル大辞泉の説明と例文を見ると、この言葉を用いることが出来るのはせいぜい三、四年くらいなのかと感じ、だとすると、自作のこのケース、一〇歳未満の子供が成人になるまでくらいがイメージされるので、やがての〝有効期間〟としては少々長いのかと思い、そこで、例えばプログレッシブ和英中辞典では「のち【後】」の言葉についての例文に「10年の後に」

等があることから、自作でも「その後子供達も大きくなり」と表現するべきなのかとの結論に至りそうになったものの、一応、この件に関しては、担当の編集者からは「よろしいのでは」としてもらった次第です。

⑰国語辞典でそのような説明がされていると、例文として取り上げにくいんですけど……

これにつきましては、色々と差し障りが出てきそうなので、自作の中の、どの件《くだり》なのかということは差し控えさせて頂きますが、「下世話」という言葉について、「余り品のないこと」といった意味に捉えている人も、割といるのではないかと想像しますし、自身も、当初はこのような解釈をして用いていた所があるのですが、デジタル大辞泉を見ると、

げ・せわ【下世話】

世間で人々がよく口にする言葉や話。「―に年貢（ねんぐ）の納め時という」

とあったので、別の言葉に改めることにしましたが、その別の言葉についてのデジタル大辞泉の説明をここで明らかにするのは、おそらく、非常に心証を害される人達もいるかと思いますし、その人達に対し、自身、特に悪い感情を抱いている訳でもないので、抽象的な表現に止めさせて頂こうかと思いますが、「どんな言葉で、どの件《くだり》なのか？」と特定しようとするよう

な無粋なことは、どうぞお止め下さい。

⑱本当は伏せておきたかった一番恥ずかしい間違い。でも、何故、こんな間違いを……ハッ！

そうこうする内に、死んでなんかいられないという、こんな自分の決意を皮肉にも自身の体は嘲笑い、足が上がってきてしまった。

デジタル大辞泉を見ても、「上がる」について、

あが・る【上がる／揚がる／挙がる】

〔動ラ五（四）〕

6物事が終わりとなる。

㋖すたれる。だめになる。「車のバッテリーがー・る」

とあることから、この言い方でいいのではとも思ったものの、どこか違和感があったので広辞苑の編集部の方にお尋ねしたところ、「『息が上がる』という言い方はありますが、『足が上がる』という言い方は聞いたことがありません」との回答を頂いてしまいました。

結果的には、足か息かの部分的な違いだったとは言え、「聞いたことがありません」とのご

指摘に、自身、とてもバツが悪い思いがあり、それ故、どうしてこんな間違いをしたのかと、色々と思いを巡らせている内に……！　あるスポーツの実況中継を耳にしている時に気付きました。確かに「足が上がる」という言い方もあるにはあるんです、一部には。人間で言うところの「息が上がった」と同じ意味の、レースでゴールを前にした時等に競走馬がバテてしまった状態を言い表す言葉として……。つまりは、〝業界用語〟を一般的な言い方と勘違いしてしまっていた訳で、これは例えて言うなら、もっとも、ここまで軽薄な響きはないものの、バブル時代のTV局の社員の羽振りの良さをお笑い芸人等が面白おかしく表現した「ギロッポンでシースー」等という言い方を一般的な言い方として認識していたようなものですから、これは本当に恥ずかしい間違いでした。

ともかく、間違えた原因がはっきりしましたので、自作のこのケースは、次のように訂正しました。

息が上がってきてしまった。

ちなみに時の移り変わりということなのでしょうか。数年前、御徒町にある〝とんかつ屋〟さんで、全国ネットのTV局の社員の方が領収書を貰っているのをお見掛けしたことがあります……いや、申し訳ありません。これは、どうでもいいことでした。

⑲「そんなことは分かっている」!?　こんな話です

例えば、ある人が自身の考えや信条等を述べた後、締め括る言葉として「それに尽きる」と口にしていたり、自身がある感情を抱いているその理由として二、三の事柄を挙げた後、「それだけです」と口にしていたりするのを、どこか聞き流していたりはしないでしょうか?

自分も、以前なら、このような言い方を気に留めるなんてことはしなかったのですが、言葉遣いに対する検分の作業に取り組んで以降、注意を払う言い方の一つとなりました。と言うのも、前述したこれらのケースの「それに尽きる」や「それだけです」は、デジタル大辞泉を見ると、「これ」と表現すべきことが分かったからです。

これ【×此れ／▽是／×之／▽維／×惟】

〔代〕

1近称の指示代名詞。

㋑話し手が、いま話題にしたばかりの事物などをさす。このこと。このもの。「全世界の平和。—が私の切なる願いだ」

このようなケースで「それ」という言葉を使うなら、「これだけです」と口にした人に対して「それだけですか?」等と言う場合でした。

それ【×其れ】

1〔代〕

1中称の指示代名詞。

①聞き手がいま話題にしたばかりの事物などをさす。そのこと。そのもの。「―はいつの話ですか」「ああ、―ならお隣です」

また、自分自身について言えば、例えば普段の生活で、相手に事の経緯について説明した後、うっかり「そういう訳だから」等と口にしてしまったりすると、「適切じゃない言い方をしちゃったよ……」と思うようになりました。

こう‐いう〔かういふ〕【×斯ういう】

〔連対〕このような。こんな。こうした。「とにかく人生とは―ものだ」

そう‐いう〔さういふ〕【▽然ういう】

〔連対〕そのような。そんな。「―態度がいけない」

デジタル大辞泉には、それぞれの言葉について、話し手、あるいは聞き手が用いるもの等の断りはないとは言え、例文を見た場合、やはり、自身が「そういう」の言葉を使うなら、例えば、相手が色々と経緯を説明したことに対して、「ああ、そういう訳なの」というような言い方が本来のものだと考えたからです。

以下に述べることだけでは〝とても説明不足〟ではありますが、ごくごく分かり易い捉え方をしようとした場合、基本的に〝自分から発信〟するものなら「こ」で、〝相手に発信〟するものなら「そ」で始まる言い方をするべきだと認識した次第です。

「そんなことは分かっている」というご指摘もありそうですが、前述した「それに尽きる」「それだけです」あるいは「そういう訳」といった言い方もまた、意外と日常生活の中で耳にすることも事実です。勿論、〝自分から発信〟の「そ」で始めても構わないと思われる言い方もあり、例えばデジタル大辞泉からは、

そ‐の【×其の】

1〔連対〕《代名詞「そ」＋格助詞「の」から》

3現在、話に出ている、または、話に出たばかりの事柄をさす。「―日はとても暑かった」「―話はもうやめよう」

そう〔さう〕【▽然う】

《「さ（然）」の音変化》

2〔感〕

3過去の出来事を思い出すときなどに用いる語。「―、あれは去年の夏のことだ」

それ‐でも

〔接〕そうであっても。「失敗の可能性は大きい。―やめるわけにはいかない」

また、大辞林第三版からは、

それだけに 【其れ丈に】

（接続）

その事柄に相応して。そうであるからいっそう。「作るのに三年もかかった。―愛着がある」等々があり、これらは「そ」で始めても違和感のない、〝自分から発信〟の言い方であると確認しました。

色々と記述してきましたが、〝それでも〟、今更「こ」で始めるべきか「そ」で始めるべきかの話を聞かされるとは思わなかったという方もおられるかとは思いますが、取りあえずは、自作の様々なケースについてご覧下さい。

1．「これ」か「それ」か？ 〝これ〟が問題だ!?

これとか、銃を手にした元暴力団員の男が、白昼、住宅街で発砲事件を起こし

冒頭、三田が、自身、憤慨の気持ちを抱いているような事件の数々を挙げている場面で、当初は「それとか」と記述していたものの、ふと、この言葉遣いでいいのか？ と感じたのです。と言うのも、前述しましたように、それまで、特に「これ」とか「それ」について考えること

もなく、漠然と使っていただけに、改めて、国語辞典で確認する必要性を感じた訳です。で、それぞれについて、このような説明がされていました。

これ【×此れ／▽是／×之／▽維／×惟】

〔代〕

1近称の指示代名詞。

㋑話し手が、いま話題にしたばかりの事物などをさす。このこと。このもの。「全世界の平和。―が私の切なる願いだ」

㋒話し手が当面している事柄をさす。このこと。「―を仕上げてから食事にしよう」「―は困ったことだ」

それ【×其れ】

1〔代〕

1中称の指示代名詞。

㋑聞き手がいま話題にしたばかりの事物などをさす。そのこと。そのもの。「―はいつの話ですか」「ああ、―ならお隣です」

㋒聞き手が当面している事柄をさす。そのこと。「―が済んだら、早く寝なさい」

自作の場合、三田は物語の語り手なのですから、「話し手」の立場です。とすると、「これ」

を用いるべきことに、今更ながら気付きました。

また、このケース、㋑と㋒のどちらにも解釈出来るかと思いますが、いずれにしても、無意識に使っていた「それ」ではありませんでした。

2．このケースは〝相手に発信〟する言い方と捉えてもいいでしょう

「自分自身、人を殺したこともないのに、殺人者のことなんて理解出来るんですか？」

それって非難してる訳？　いや、余り深く考えるな。

三田は物語の語り手である故、基本的には、話し手＝三田で、聞き手＝読者という関係が成立するかと思うのですが、作中の登場人物との会話では、この言葉を用いることが出来るでしょう。

それ【×其れ】
1〔代〕
1中称の指示代名詞。
㋑聞き手がいま話題にしたばかりの事物などをさす。そのこと。そのもの。「―はいつの話ですか」「ああ、―ならお隣です」

判断に迷うのは、こういうケースです。

「君と付き合うつもりはない！　何故なら君が殺人者だからだ！　いや、それだけじゃない！　（略）」

三田が、かつての殺人少年との疑いを抱いている同僚の田中が、三田が映画の脚本を書いているということを知り、急に自身に近付いてきたことから、心中穏やかならざるものを感じているのに、その田中からお茶に誘われる羽目になり、はっきりと断るべきではないかと、その言葉を思い浮かべている場面ですが、付き合いたくない理由の一つとして考えるなら、「これ」の㋑と解釈出来るでしょうけれども、相手が人を殺害しているからということに重点を置いたら、「それ」の㋒とも言えるかと思う故、判断に迷うところではあるのですが、最終的には後者の意味合いを強調したく、「それ」を用いることにしました。

それ【×其れ】

1〔代〕

１中称の指示代名詞。

㋒聞き手が当面している事柄をさす。そのこと。「―が済んだら、早く寝なさい」

3．自問自答であるが故――

いや、やはり偶然の一致とは考えにくい、田中が〝世紀末の殺人少年〟だったとする材料は色々とあるのだし、たとえこちらの勘違いだったとしても物騒な世の中だ、慎重に構えている方が自身の身を守ることには繋がらないか？

そうだよ！　去年、八王子の駅ビルで通り魔による殺傷事件があったその翌日

田中との関係を深めるべきではないと考えている三田が、色々と思いを巡らせる場面です。

そう〔さう〕【▽然う】

《「さ（然）」の音変化》

2〔感〕

1相手の言うことに肯定・同意するときに用いる語。「―、そのとおり」

デジタル大辞泉にもあるように、通常、「そうだよ！」等という言い方は、相手に対して使うものですけれども、自作のこのケースは〝自問自答〟と捉えられるため、この言葉を用いました。

4．このケースの「それ」は、広辞苑に載っている〝これ〟に相当させてもいいのではないかと……

依然、何の気配もなく静まり返っているものの、危惧していることも起きてはいないので、こちらが過剰に意識する程のことでもないのかと安心し掛けたが、次の瞬間、間違いであることに気付いた。

自分の左側に、それがあったから……。ガラス越しに目にしていた時には、単にカーテンだと思っていた、それ……。

三田が語るこの件《くだり》は、通常なら、デジタル大辞泉にある「1近称の指示代名詞」としての「これ」の説明の㋐「話し手が持っている物。または、話し手のそばにある物をさす。このもの」に相当するのでしょうけれども、自作のこのケース、この時点では、三田の側に、一体、何があったのか、明らかにされていない故、広辞苑にある、このケースに相当するとしてもいいのではないかと考え、「それ」の言葉を用いました。

それ【其・夫】㈠《代》

⑤（「某」とも書く）ある物・事を（具体的な判定は相手に委ねる気持ちで）漠然と指し示す語。

5. 〝それでも〟、この問題は未だ解決出来ていません……

「こ」あるいは「そ」、どちらで始まる言葉を用いた方が適切なのか？　自身、辞書を頼りに取り組んできましたが、担当の編集者から提案してもらったその中には、自身の解釈とは異なるものもあったとは言え、前述しましたように、曲がりなりにも、作家としてどういった表現にするのかということに関してならまだしも、言葉の知識という点においては、自身、長年その仕事に携わってきた編集者を尊重すべき立場にあるし、また、「こ」で始めるべきか「そ」で始めるべきかにこだわる余り、自分でも違和感のあった言い方に対し、適切な提案をしてもらった所もあるのですから尚更です。

この点についてはいいのですが、このことにより、自身に対する規制を緩めてしまったことから、「こ」あるいは「そ」で始めるべきかの線引きが非常にあやふやになった所もあり、今回ですっきりと解決とはいかず、今後に持ち越した課題の一つとなってしまいました。

第四節　重言に注意

重言の〝規制範囲〟について考える

重複した言い方についても注意を払うべきだと感じたのは、『声に出して読みたい日本語』等の著者としても有名な、明治大学文学部教授の齋藤孝氏がＴＶに出られた際に取り上げていたことが切っ掛けだったのですが、当初は、どこまでを重言とするのか、きちんとした捉え方が出来ていませんでした。

例えば、「違和感を感じた」という言い方は確実に重言であることは分かりますが、ならば、これを「違和感を覚えた」という言い方に直そうとしても、デジタル大辞泉では「覚える」について、

おぼ・える【覚える】

〔動ア下一〕〔文〕おぼ・ゆ〔ヤ下二〕《「おもほゆ」の音変化。「ゆ」は、もと、自発・可

能の助動詞で、自然に思われる、他から思われる意が原義》
3からだや心に感じる。「疲れを―・える」「愛着を―・える」
とあり、結局は「感じる」と同じ意味になり、この言い方も用いることは出来ないのか？
でも、一般的な言い方として通用している感があるし、また、出版物の中でも、この表現をしているケースは多々あるが……等と、つらつらと考えている内に解決したのですが、言葉の意味に注目し、そこが被らないようにしていたため、随分と規制が多いなと感じてしまった訳ですが、シンプルに〝読んで字の如し〟、言葉を重ねるからこそ「重言」なのだとの思いに至ったものの、それでも、自身、自作の中で表現し直すべきだと感じたその幾つかをご覧になって頂こうかと思います。

①〝先ず〟と書くと分かり易かったかも

玄関へ上がると、まず最初に、そこはＤＫの造りになっていた。

まず〔まづ〕【▽先ず】
〔副〕
1はじめに。最初に。「―下ごしらえをして、その後料理する」

デジタル大辞泉の説明を見ても、このケース、「まず」か「最初に」のどちらかは不要でした。

玄関へ上がると、まず、そこはＤＫの造りになっていた。

②「ほぼ同じくらい」は〝ほぼ〟間違いか

〝大体〟というのは同僚の年齢を詳しくは知らないからだが、見たところ、おそらくはぼ同じくらいじゃないかと思う。

ほぼ【▽略／▽粗】
〔副〕全部あるいは完全にではないが、それに近い状態であるさま。だいたい。おおよそ。
「物価が―二倍になる」「―満点の出来」

くらい〔くらゐ〕【位】
〔副助〕《名詞「くらい（位）」から。中世以降の語。「ぐらい」とも》名詞・および活用語の連体形に付く。
1おおよその分量・程度を表す。ほど。ばかり。「一〇歳―の男の子」「その―で十分だ」

どちらかは要らなかったようです。

見たところ、おそらく同じくらいじゃないかと思う。

③「ここら辺りが適当か」は、適当ではありませんでした

丁寧に断った上で否定形の疑問。更に殺人ではなく、罪という言葉でぼかす抑えた言い方……ここら辺りが適当か。

ここ‐ら【×此▽処ら】

〔代〕近称の指示代名詞。

2時間・程度を漠然とさしていう。この程度。これくらい。ここいら。「今日は―で切り上げよう」「―で長打がほしい」

あたり【辺り】

2場所・時・人・事柄・数量などをはっきりと示さずに、婉曲に言い表す語。多く、名詞の下に付いて接尾語的に用いる。

㋓その程度。「県代表―までなれるだろう」「千円―の品物」

デジタル大辞泉にある、それぞれの言葉についての説明を見ても、後者は要りませんでした。

ここらが適当か。

④もう、〝出て〟ます

表面に軽く焦げ目が付いたステーキに突き立てたフォークの先から、中に閉じ込められていた肉汁が溢れ出す。

と表現したところで、「溢れる」にするべきなのかと思い、デジタル大辞泉で確かめてみたところ、

あふ・れる【×溢れる】
〔動ラ下一〕〔文〕あふ・る〔ラ下二〕
1水などがいっぱいになって外にこぼれる。「コップに―・れるほど注ぐ」「川が―・れる」「涙が―・れる」

例文を見ても、この言葉のみで事足りるので、次のように訂正しました。

肉汁が**溢れる**。

⑤小学校低学年？　でも、中学校低学年だとか高校低学年なんて言い方はしないぞ……

殺人が〝大衆化〟している感さえある今の世の中、加害者または被害者が、中学生だとか小学校低学年、園児にまで拡大している。

てい‐がくねん【低学年】

年次の低い学年。小学校の１・２年。「―向きの読み物」

デジタル大辞泉には、こうあるので、頭に小学校を付ける必要はなかった訳です。

中学生だとか**低学年**、園児にまで拡大している。

⑥既に参加しているのでは？　と思い直しました

取りあえず、自分でオリジナルの脚本を書いて制作会社に売り込み、これを足掛かりにして……と考えたのだが、程なく、この業界はそう易々とは〝飛び入り参加〟は認めていないぞということが分かってきた。

とび・いり【飛（び）入り】
１ほかから不意に入りまじること。約束や予定なしに不意に参加すること。また、その人。「―で演説する」

デジタル大辞泉の説明から、「飛び入り」の時点で、既に参加していました。

この業界はそう易々とは〝飛び入り〟は認めていないぞということが分かってきた。

⑦ここまで念入りにしなくても……「様子を窺う」

覗き穴から外の様子を窺ってみる。

うかが・う〔うかがふ〕【×窺う】
〔動ワ五（ハ四）〕
２ひそかにようすを探り調べる。「顔色を―・う」「ライバル会社の動きを―・う」

というデジタル大辞泉の説明から、単に「窺う」で済ませるか、「様子を探る」という言い方にするべきだと判断しました。

覗き穴から外の様子を探ってみる。

⑧「あり得るかも知れない」はないかも？

そのことを思い出して以来、あいつがあの事件を起こしたのかどうかについて〝あり得るかも知れない〟という思いと、〝いや、違う。俺の考え過ぎだ〟という思いが混沌としていって……

あり・うる【有り得る】
〔動ア下二〕〔文〕あり・う〔ア下二〕
1起こる可能性がある。当然考えられる。「すでに手遅れということも―・うる」「事故の発生は―・うることだ」
かも‐しれ。ない【かも知れない】
〔連語〕《「か」は副助詞、「も」は係助詞》断定はできないが、その可能性があることを表す。「あの建物は学校―。ない」「君の言うとおりなの―。ない」→かも「連語」
デジタル大辞泉の説明から、共に可能性があることを示す言葉なので、用いるのは、どちらか一方で良いということですね。

〝**あり得る**〟という思いと

⑨「心」に〝内側〟〝外側〟の区別なんてあるのか？　とも思ったのですが……

奥さんの心の中にはとっくに旦那を愛することの出来ない〝私の中のもう一人の私〟がいるものの

何度も例文として取り上げてしまい、本当に申し訳ございません！　この件《くだり》は色々な切り口があったものですので、どうぞご理解下さい。例えば、心ではなく「心臓」のような物理的なものだったら、内側と外側はあるのでしょうけれども、「心」という言葉自体、内的な意味合いを含んでいるのでは？　と感じたので、「奥さんの心には」という言い方で事足りるかと思ったものの、デジタル大辞泉には、例えば、

しん‐ちゅう【心中】

心の中。胸中。内心。「――を明かす」「――穏やかでない」

ない‐しん【内心】

1表に出さない気持ち。心のうち。心中。副詞的にも用いる。「—を打ち明ける」「—びくびくだった」

等の言葉があることから、「心の中」で良いと判断しました。

もっとも自作の場合、後に〝私の中の——〟と続くことから、「奥さんの心には」とした方が洗練された表現だったという感はあります。

⑩わざわざ〝事件〟にする必要はない!?

難事件が解決された時

なん‐けん【難件】

処理のむずかしい事件や問題。

デジタル大辞泉の通りです。

難件が解決された時

⑪「微妙なニュアンス」こそビミョ〜！

少年が少年院を仮退院する時、彼の中にあった魔物についての法務省の見解は「〝寛解〟の状態」、つまりは、病気は完治していないが、病症は一時的、永続的に軽減、または消滅するという微妙なニュアンスのものであった。

デジタル大辞泉を見ると、

ニュアンス【（フランス）nuance】

１　言葉などの微妙な意味合い。また、言外に表された話し手の意図。「発言の―を汲む」

ちなみに、フランス語だったんですね。

または消滅するという**微妙なもの**であった。

⑫「改めて電話番号を掛け直す」は改める必要あり

改めて番号を掛け直し、耳にあてがった携帯電話の受話口に

「掛け直す」という言葉はデジタル大辞泉には載っていなかったので、同じような意味合いの

「やり直す」を参考にしました。

やり・なお・す〔-なほす〕【▽遣り直す】

〔動サ五（四）〕

改めて初めからする。「人生を—・す」「計算を—・す」

という訳で、表現し直しました。

改めて番号を掛け

⑬〝自分の中〟等と断らなくてもいいのでは？

が、それでも何か自分の中に胸騒ぎが残ったので、これに従ってみることにした。

むな-さわぎ【胸騒ぎ】

心配ごとや悪い予感などのために心が穏やかでないこと。「帰りが遅すぎるので—がする」

国語辞典を見るまでもなく、〝ｏｕｔｓ·ｉｄｅ〟な胸騒ぎもないと思い、次のように訂正しました。

が、それでも何か胸騒ぎが残ったので、これに従ってみることにした。

⑭目を凝らして〝見る〟のはセーフ！

２０１号室の出入り口へ目を凝らして見る。

「目を凝らす」という言い方には〝見る〟という意味合いも含まれているかも知れないと感じ、また、〝試みる〟との意味合いで、「見る」という表記自体間違いなのか？　とも思ったのですが、広辞苑を参考にしてみると、「凝らす」の言葉の例文に「目を——・して見る」とあったので、これに倣うことにしました。

⑮その感じ方には、近い・遠いの違いがあるかと思いましたが……

事件をドラマのように見てしまう理由の一つは、事件と自分との隔たった距離感があるからじゃないかと思う。

当初、自分はこのように表現していたのですが、担当の編集者からは「隔たった」の言葉を省いたらどうかとの提案があったものの、一口に距離感と言っても、その感じ方には近くに感じる場合と遠くに感じる場合があるだろうから、「隔たった」を付け加える必要はあるんじゃないかと思ったのですが、デジタル大辞泉の説明には、こうありました。

きょり‐かん【距離感】

2相手に対して、心のへだたりがあると思う気持ち。「彼との―を保つ」

この言葉だけで十分でした。

事件と自分との**距離感**があるからじゃないかと思う。

⑯よく見たら「セーフ」でしたが……

まあ、こういった輩には注意するに越したことはないのだが、この手のタイプは、はっきりと周りの者に〝注意を促してくれている〟とも言えるので、ある意味、こちらとしても有難い。

「ある意味」の言葉に関しては、ネット上にある「実用日本語表現辞典」を参考にしましたが、

ある意味

読み方：あるいみ
別表記：或る意味、あるイミ
特定の観点に立っているものの、どういう観点かを明示することなく、そういう観点もあるということを漠然と表す表現。同様の表現に「ある種の」などもある。

「とも言える」と「ある意味」は同様の意味合いですから、どちらかは不要かと思ったのですが、例えば、これが「ある意味、〝注意を促してくれている〟とも言えるので」としたならば訂正する必要がありますが、自作のこのケース、「とも言える」は前の〝注意を促してくれている〟に、「ある意味」は後の「有難い」に掛かる言葉なので間違いではなかったものの、非常にまぎらわしい言い方になってしまうので、結局は、このように表現しました。

〝注意を促してくれている〟**とも言えるので、**こちらとしても有難い。

⑰「単に○○だけ」という言い方はセーフでも、「余りにも○○過ぎる」はアウトでしょうか？

自作では、

あの事件は、単に血痕の処理の問題だけではなく等の件《くだり》がありますが、副詞の「単に」と副助詞の「だけ」、これらの言葉にどこか響き合うものを感じたので国語辞典を見てみると、確かに前者の意味は「その事柄だけに限られるさま。ただ。ただに」で、後者の場合、意味合いの一つである2の「範囲を限定する意を表す。…ばかり。…のみ」と、同様の説明がされていますが、「単に」について、（あとに「だけ」「のみ」などの語を伴って）との注釈があることから、この言い方で良いことは分かりましたが、どこかしら似たような言い方の「余りにも○○過ぎる」という場合はどうなんだろうかと、デジタル大辞泉を見ても、

あまり【余り】

2〔形動〕〔文〕〔ナリ〕

1程度のはなはだしいさま。予想を超えているさま。「値段が―に高い」「―な剣幕に恐れをなす」

す・ぎる【過ぎる】

〔動ガ上一〕〔文〕す・ぐ〔ガ上二〕

4普通の程度・水準をこえている。「いたずらが―・ぎる」「わがままが―・ぎる」

と、やはり同様の意味なのに、こちらの方は「余り」に注目しても、（あとに「過ぎる」などの語を伴って）といった注釈はありません。広辞苑の編集部の方にお尋ねするという手もあるとは言え、本書で記述しているこの前後も含めて、それまでに二回まとまった質問をしており、また、思い出したように電話を掛けるのも、先方にしてみれば「また、面倒な奴が電話してきたぞ」と、〝名物〟的な存在になるのも気が引けたので、一応、自身に規制を設け、自作では、例えば、人間を多面性のある存在として捉えている三田が、殺人の罪を犯した者の人間性について、その領域に収めようとするような考え方は古いとし、

これは〝昭和的〟過ぎるだろう。

との思いを抱いている場面では、少なくとも文法的な間違いはないと思いますが、嫌な刺激に満ちた事件が相次ぐことも多い昨今、非常に危うい現在の日本の治安について安閑としているのもどうなのかと、

余りにも危機意識がなさ過ぎると感じる。

と、うっかり、同様の意味を持つ言葉をダブらせてしまいましたが、いや、〝うっかり〟という言い方が妥当なのか、自身、判断し兼ねるのが実の所ではあり……とは言え、広辞苑編集

部にとっての〝名物〟にもなりたくないし……どなたか語学の専門家が、有料で（無料だと質問が殺到する場合もあるでしょうから）、ユーザーからの質問を受け付けるサイトなんかを開設して下さることを、個人的には強く希望したいところではあります。

⑱ほぼ習慣的に使っていた感のある外来語ですが……

特に考える必要もないと用いていましたが、こんな言葉にすら、盲点はありました。

1．アンケート

都内の住んでみたい街のアンケート調査で、常に一、二を争う吉祥寺

アンケート【（フランス）enquête】
多くの人に同じ質問を出して回答を求める調査法。また、その質問。

デジタル大辞泉の説明から、「調査」は余計でした。

都内の住んでみたい街の**アンケート**で

2. イコール

勿論、実際に兄ちゃんが父親とイコールで結ばれるかは定かではないが――

イコール【equal】

〔名・形動〕

1等しいこと。同じであること。また、そのさま。「個人主義と利己主義とは―ではない」

この言葉を、単に＝の記号として把握していると、こんなことになります。次のように改めました。

勿論、実際に兄ちゃんが父親と**イコールである**かは定かではないが――

3. リズム

激しく打ち付ける、規則正しい雨音のリズムを乱して形成される不協和音

リズム【rhythm】

1強弱・明暗・遅速などの周期的な反復。「生活の―が狂う」

〝周期的な反復〟ですから、わざわざ「規則正しい」等という形容の仕方は必要ありませんでした。

激しい雨音のリズムを乱して形成される不協和音

第五節　言葉と言葉の組み合わせ方は適切か？

　ＴＶで野球中継を観ていると、時として、解説者が〝業界用語〟とも言える耳慣れない言葉を使っていたり、また、こういう言葉が番組内で定番となっていくことがあります。

　例えば、「目を切る」という言葉は、野球を知らない人が聞いたら、「何かとんでもない事故に遭ってしまったのか⁉」と思われるかも知れませんが、これは内野手等が打者や走者を早くアウトにしようと焦る余り、確実に捕球する前に送球動作に入ろうとして、一瞬、ボールから目を逸らし、お手玉してしまうようなケースに使われるもので、一般的には「目を逸らす」とした方が妥当な言い方でしょう。

　また、昨今、よく使われ始めた「目付けが出来ていない」等は、草野球のレベルとは言え、野球をかじったことのある者でも、言わんとすることの大よそは分かるといった程度ですからいい加減な説明は出来ませんが、解説者を伴い、実況中継しているアナウンサーもまた、自身はその言葉を理解出来ていても、多くの視聴者に分かってもらう必要があると感じているのだろうことから、解説者に、自身が口にした言葉の説明を求めるケースを耳にしたこともあります。

こんな中、以前、また新たな言葉が生まれていました。これは、勢い良く飛んでいったボールの落下地点に到達しようと、外野手が全速力で駆けていき、キャッチしたかと思われた次の瞬間、グラブからボールが零れてしまったという場面で、キャッチ出来なかった原因を、解説者が「目が動いていたから」とした時には、アナウンサーもさすがに「？・？・」の思いと共に、その言葉の説明を求めていました。

解説者が言ったことを分かり易く言い換えると、これは外野手が全速力で駆けていたため、自身の視界が安定しない揺れ動いていたような状態となり、ある程度余裕を持って追い掛けている時とは違い、視線がボールを捉えにくかったということだったのです。

ただ、この「目」に関する言い回しはデジタル大辞泉を見ても、その用例は「お——にかける」「つらい——にあう」「うおの——」「いい——が出る」「弱り——」等と多種多様であり、その中には、もしかしたら、使われ始めた当初は一般的ではなかったものだってあったのかも知れないのですから、野球を知らない人達の頭の中に「？・」のマークが渦巻くような言葉でも、例えば、元々は映画界の言葉だった「ゴールデンウィーク」がそうであるように、将来、一般化する可能性が無きにしも非ずで、また、辞書にもその言葉が記載されているように、最悪、「造語」という解釈だって成り立つのですが、少なくとも、言葉を駆使して創作活動に取り組んでいる者が、造語という〝免罪符〟を多く抱えているというのも、余り褒められたものではありません。

とは言え、言葉遣いに関する見直しの作業を進めていく中で、自身の心に漠然と浮かんだのは「これは限りがないぞ」という思いであり、中でもこの節のテーマである、言葉と言葉の組み合わせ方が適切なものであるのかどうかということを一つ一つ検分していったら、〝千日単位で〟「日が暮れちゃう」という類のものなので、他のテーマにも増して、現在進行形で取り組んでいるのが実の所なのですが、それでも、自作について推敲する段階で、自身が疑問に感じたその幾つかをご覧になって頂こうかと思います。

①「ディスプレイに表示」――ディスプレイって〝あの画面〟のことでしょ……あれ？

携帯電話の着信音が鳴った。ディスプレイに表示されたのは

自分を含め、多くの人が、どこか慣習的に使っているような言い方ではないかと想像するのですが、

ディスプレー【display】

〔名〕（スル）《「ディスプレイ」とも》
2コンピューターの出力表示装置。文字や図形の出力結果をブラウン管の蛍光面上に表示するCRTディスプレー、液晶ディスプレー、プラズマディスプレーなどがある。

自身、全く専門的な知識がないこともあり、このようなデジタル大辞泉の説明を見ると、ディスプレイというのは、文字や図形の出力結果を画面に表示するための装置であって、これ自体に表示するのは、ひょっとしたらおかしいのでは？　そもそも、この「ディスプレイに表示」等の言い方は、よく耳にすることで覚えた類のものなので、その意味をちゃんと理解することなく獏然と使っていたのではとの疑問が生じたため、広辞苑の編集部の方にお尋ねしたところ、この言い方で問題ないとのことでした。いや、これはちょっと考え過ぎました。

②「一つの可能性として」という言い方は、一つの可能性として考えられるか

「成人女性に興味を持てないような、いわゆるロリコン趣味の男性による犯行ということも、一つの可能性として考えられるのではないでしょうか？」

「可能性」という抽象的な言葉を、物を数えるような「一つ」という言葉と組み合わせることは出来るものでしょうか……出来ると判断しました。

ひと‐つ【一つ】

1〔名〕

7他と比べて、一方。また、ある側面。一面。「―にはこういう解釈も成り立つ」

③前節の「距離感」同様、担当の編集者からの提案は言葉足らずかと思いましたが……

おそらく、動機は交際におけるトラブルといったところだろう。

当初、自分自身は「動機は交際におけるトラブルにある」と表現していたので、右のように編集された原稿を見た時、「少々、言葉が足りないのでは？」と感じたものの、

どう‐き【動機】

1人が意志を決めたり、行動を起こしたりする直接の原因。「犯行の―」「タバコをやめた―」

トラブル【trouble】

1もめごと。いざこざ。紛争。「金銭上の―を起こす」

国語辞典にある、それぞれの言葉の説明から、提案を受けた言い方でＯＫでした。

④状況をゲッツ!?

既にびしょ濡れではあったが、ようやく傘を広げられる状況を得たので

〝半クラシカル〟な表現ではありますが、状況という抽象的な言葉を「ゲッツ！」出来るものなのか？　……第八節の所で記述致します「ニュアンスを重視した表現」とも言えるのかも知れませんが、デジタル大辞泉の「得る」の言葉についての説明を見ても、特にピンと来るものがなかったので、次のような表現に改めました。

ようやく傘を広げられる**状況になった**ので

な・る【成る／▽為る】

〔動ラ五（四）〕

2今までと違った状態・形に変わる。「氷が水に─・る」「血と─・り肉と─・る」

⑤状況はゲッツ！　ならずも、新聞の見出しはヒット可能か

〝見えない恐怖そばに〟

等の見出しが新聞紙上に打ち続けられ

う・つ【打つ】
❶〔動タ五（四）〕
1物を他の物に向けて強く当てる。

2（1のようにして）物事をしたり、物を作ったりする。

㋒キーをたたいて信号を送る。発信する。また、印字する。「電報を―・つ」「タイプを―・つ」「携帯でメールを―・つ」


デジタル大辞泉の説明から、見出しは「打っても」構わないと確認しました。

⑥ただし、「焦点を当てる」という言い方は〝当たり〟ではない？

犯罪や犯罪者を超え、これを生み出した社会に焦点を当てて問題提起するのは文化的ながらも

しょう‐てん〔セウ‐〕【焦点】
3人々の注意や関心の集まるところ。また、物事のいちばん重要な点。「話の―を絞る」

「焦点を当てる」――時折、耳にする言い方なので、自分でも無意識に用いていましたが、デジタル大辞泉で「当てる」の説明を見ると、「焦点」と組み合わせてもいい、その妥当な意味合いを持つものがなかなか見付からなかったのですが、もっとシンプルな言い方でいいことに気付きました。

これを生み出した**社会を焦点として**

する【▽為る】
〔動サ変〕〔文〕す〔サ変〕
2
㋕……であると判断をくだす。みなす。また、決定する。選んでそれに決める。「まあ、これでよしとしよう」「友をよき競争相手とする」「出場を取りやめにする」「私は、コーヒーにする」

もっとも、マスコミの報道等では「――が焦点となる」等の言い方をしているのですが、何故、「焦点を当てる」という言い方もよく耳にするのかと考えてみたところ、デジタル大辞泉の例文にもあったように、「焦点を絞る」という言い方があることから、想像するに、どうも「スポットライトを当てる」等と、どこか混同して使っているのではないかと思いましたが、その

「スポットライト」についてもデジタル大辞泉で確認すると、

スポットライト【spotlight】

2注目。注視。「―を当てる」

とあり、これは「焦点」の3の意味と同等なのかとも思ったものの、「注目」「注視」は〝行為〟であり、「焦点」はその行為の〝対象〟なので、やはり違うだろうと、個人的には結論を出しました。

⑦「今さっき」――何の疑問もなく使っていましたが、そもそも、この瞬間の「今」と、既に過去となった「さっき」という言葉を結び付けることは出来るのか……国語辞典にも載っていない……もしや!?

もし、今さっき、曲がってきた角の所まで引き返したら

これまで幾度となく耳にしていることから、何の疑問もなく用いていたのですが、ふと、〝時差のある〟これらの言葉を組み合わせることは出来るのだろうかと感じ、デジタル大辞泉で確かめようとしたものの記載されていなく、また、同様に広辞苑にもありませんでした。

まさか!?　……でも、余りにも一般的な言い方なのに……けれども、前述した「うがった見

方」等のように、多数決が必ずしも正義であるとは限らないという〝事案〟も多々あるだけに……自分では答えが出せないので、広辞苑の編集部の方にお尋ねしました。で、このことに関し、「『いまさっき』は『今先』の変化した語で、〝ほんの少し前〟という意味です。二十世紀の中頃から使われているようです」との回答を頂きました。辞書には載っていなくてもＯＫでした。

もっとも自作のケースは、自身の感覚では、「今さっき」よりも時間の経過が短いと考えられたため、つまり、時間の経過が、「今」と「今さっき」とを比較して〝どちら寄り〟なのかを考えた末、この言葉は用いず、次のように表現しました。

もし、今、曲がってきた角の所まで引き返したら

結果的にはこれでＯＫだったものの、改めてデジタル大辞泉で確かめてみると、「今」の言葉には、このような意味も含まれていました。

いま【今】

1〔名〕（副詞的にも用いる）

4ごく近い過去。少し前に。いましがた。さっき。「―の人は誰かしら」「―帰ったところだ」

さすがに「今」については辞書で確認する必要はないだろうと思っていましたが、こんな言葉にすら、漠然とした把握の仕方をしておくべきではないと、改めて実感しました。

ちなみに、このような考え方に沿うなら、本書も前作同様、言葉の意味についての確認に時間を割きたかったところではあるのですが、いや、ある程度時間を割いた前作ですら、このような不備があったのですから尚更なのですが、諸事情から――出版社との通常の契約期間である三年を一年延長した四年にしてもらっているとは言え、その契約期間を、丸々、本書の執筆に当ててもいいものなのか？　作り手のこだわりを優先出来るのなら優先したいところではあるのですが、「そんな身分でもないだろう」と自身に問う気持ちもあり、本書においては〝現実との妥協点〟を見付けなければならなかったのが実情です。無念……。

もっとも、このようなことを書き連ねていると、自分は、一体、何になりたいんだ？　という気持ちも起きてきます。作家なのか語学の専門家なのか、それとも辞書そのものなのか⁉　〝究極の理想〟を言えば、その全てを兼ね備えた存在になりたいところではあるのですが、これは、ドラえもんの「暗記パン」の助けでも借りない限りは、余りにも難しく（もっとも、暗記パンの話には落ちが付いていましたが）、言葉を駆使して創作活動に取り組む者としては、実質という意味において、第一に作家となれるよう研鑽を積むべきであり、この点につきましては、読者の皆様にはどうかご了解下さい（余り大きな声では言えませんが、〝妄想のレベル〟

では映画監督になってみたい……いや、これは、あくまでも自身の妄想ですので、悪しからず）。

ちなみに映画監督と言えば、『2001年宇宙の旅』等の代表作で知られている故・スタンリー・キューブリック監督は、一九八〇年の『シャイニング』から次回作の『フルメタル・ジャケット』を発表するまで七年。更に、遺作となった『アイズ ワイド シャット』までは一二年という期間を費やしましたし、故・黒澤明監督にしても、一九七五年、旧ソ連との合作である『デルス・ウザーラ』から『影武者』『乱』へと続くのに、それぞれ五年の歳月がありましたが、自分も創作活動に取り組む者として、いつか、このような〝真の贅沢〟をしてみたいものです。

もっとも、こんなことをされたら、出版社側としては（制作会社側とするのは悪い冗談です）、たまったものではないでしょうけれども……。

⑧虚構は作品の中で「広げられる」ものでしょう

現実の中に虚構を見出し、これを手掛ける作品の中で広げようとする場合、要は自分の想像に説得力を持たせられるかどうかが問題となるのだが
この言葉、〝文字通り〟広い意味でも使われますが、自作のこのケースはデジタル大辞泉にも、
ひろ・げる【広げる／▽拡げる】

〔動ガ下二〕〔文〕ひろ・ぐ〔ガ下二〕
2範囲・規模を大きくする。「視野を―・げる」「商売を―・げる」
と、その広範囲の中にありました。

⑨さて、「置き土産」の扱い方は、どうするのが適当か？

もっとも、現場で指紋を採られたからと言って、これがデータベースになければ、俺が挙げられることはない。だからと言って、〝置き土産〟を残すこともないだろう。
実際に、そのようなことがあったのかどうか判然としない〝グレイゾーン〟にある殺人少年の告白の場面ですが、
おき‐みやげ【置（き）土産】
1立ち去るときに贈り物として残しておく品物。
というデジタル大辞泉の説明から、「残す」の言葉と組み合わせるのは、どこか重複した響きがあると感じたので、自作のこのケースでは、その性格を考え、殺人少年が言いそうな言い回しにしました。

〝置き土産〟にしてやることもないだろう。

⑩相手を行方不明に「させる」のは不自然でした

たとえ俺の遺体を、何かこんな想像するのも嫌だが、発見出来ないように上手く処理して、表向き行方不明にさせたとしても、警察だってそれだけでは済ませないだろう。

ん？　行方不明にさせる？　……「表向き」という注釈があっても、どこか違和感がありました。「させる」等という言い方は、日頃、割合と耳にしたり口にしたりするものの、改めて注意しながらデジタル大辞泉を見てみると、

さ・せる【さ・せる】

〔動サ下一〕〔文〕さ・す〔サ下二〕《サ変動詞「す」の未然形「せ」に使役の助動詞「さす」の付いた「せさす」の音変化から》

1人にある行為をするようにし向ける。「勉強を―・せる」「人ニ損ヲ―・スル」〈ロドリゲス日本大文典〉

とありますから、相手から〝恐怖による支配〟でもされていない限り、自ら行方をくらます

人もいないだろうと思い直し、次のように訂正しました。

上手く処理して、**行方不明を装った**としても

よそお・う〔よそほふ〕【装う／▽粧う】
〔動ワ五（ハ四）〕《動詞「よそ（装）う」の未然形に接尾語「ふ」の付いた「よそはふ」の音変化》
2表面や外観を飾って、他のものに見せかける。ふりをする。「平静を—・う」「病人を—・う」

⑪日常は「何でもない」と表現出来るもの？

服を脱いで風呂に入った。何でもない日常の、心安らぐ時間……。

何（なん）でもな・い【何でもない】
①取り立てて問題にするほどではない。たいしたことはない。「風邪ぐらい—・い」「—・い言葉に腹を立てる」

株の投資で億単位の金を動かし、且つアルコールと麻薬にどっぷりとハマり、異性関係も派

手というような日々を送ってでもいない限り、日常は「何でもない」と表現してもいいでしょう。

⑫「経験が浅い」……あれ？「経験豊富」なんて言い方がありますけど……と言うことは……

自分自身、まだまだ食の経験が浅いということか。

と記述した後、ふと、「経験豊富」等という言い方をすることを思い出し、とすると、「経験が乏しい」という表現にした方がいいのかとも思いましたが、

あさ・い【浅い】

〔形〕〔文〕あさ・し〔ク〕

2物事の程度や分量、また、かかわりなどが少ない。「傷は―・い」「経験が―・い」「眠りが―・い」「つきあいが―・い」

デジタル大辞泉の例文にもあるように、自作のこの言い方でもOKではありましたが、国語辞典にある「乏しい」は、このようなケースに相当する1の「十分でない。足りない」という意味で、また、例文に「――・い経験」とあることからも、どちらと組み合わせてもいいので

しょう。

⑬どことなく地理的なイメージの先行する言葉ですが、「人間の領域」という言い方は可能か

情状酌量という言葉や善悪の判断で対することが無意味に感じられるような、人間の領域に収まり切れない、ある意味、劇的とさえ言える、余りにも非日常的なものだったりすると

りょう‐いき〔リヤウヰキ〕【領域】
1ある力・作用・規定などが及ぶ範囲。また、その物事・人がかかわりをもつ範囲。「人間の無意識の―」「新しい―を開拓する」「理論物理学の―」

デジタル大辞泉の説明から可能でした。

⑭チーム内からはブーイングものだとは重々承知していますが……「逆チャレンジさせて頂きます」シリーズ第二弾！　ただし、「チャレンジ失敗」というケースもありました……

1.「立場」という意味を自身がどのように捉えていたのかが、「逆チャレンジ失敗」の原因です

人生に絶望したと見なすには程遠い、単に嫌気が差しただけで、また、この世から身を引こうとするのに誰にも迷惑を掛けずに等ということは頭の片隅にもなく

大辞林第三版で「身を引く」について見てみると、このような説明がありました。

みをひく【身を引く】

これまでの地位・立場からしりぞく。「政界から――・く」

「地位」は論外だとしても、自身がこの世で生きていることを「立場」と捉えるには無理があったかと思い、「この世に別れを告げる」等の表現をした方が良かった感があったものの、デジタル大辞泉にある「立場」の意味の一つの、「その人の置かれている地位や境遇」の〝境遇〟に注目すれば、元の「身を引く」という表現でも「セーフ」なのでしょう。いや、出過ぎた真似をして申し訳ありません。

2.「巡らせる」べきは〝思い〟だったか

田中は田中で何か頭を巡らせるところがあるのか、自身の考えに耽っているようだったので、こちらとしても助かったのだが。

めぐら・す〔巡らす／▽回らす／×廻らす〕

〔動サ五（四）〕

3あれこれと心を働かせる。「思いを—・す」「はかりごとを—・す」

とデジタル大辞泉にあることから、「巡らせる」という言葉は、心と関連する「思い」と組み合わせるべきだった感があり、また、この「めぐらす」の言葉の別の意味には、

2回転させる。まわす。「きびすを—・す」「頭（こうべ）を—・す」

とあるものの、例文にある「頭」は身体の一部としてであり、自作のこのケースは内面を指しているものなので、意味合いが違うでしょう。ちなみに自作の場合、後に「考えに耽って」と続くことから、「頭を巡らせる」としたものの、そもそも「耽る」という言葉自体も「思い」等、心と関連するような言葉と組み合わせた方が理想的だったようです。

3．心に言葉を〝聞かせる〟のは強引だったような

思い返す心の中でその言葉を聞きながら

「心の声」等の言葉があるだけにこのような表現にしてしまいましたが、「思い浮かべる」という言葉があるのだから、「思い返す心の中でその言葉を浮かべながら」等とした方がベターだった感があります。

4．果たして、「顔色」は奪えるものだったか？

予期していたこととしていなかったこと、その二つが同時に入り交じったものが目の前に現れ、顔色を奪われた。

がん‐しょく【顔色】

かおいろ。また、感情の動きの現れた顔のようす。「―を失う」

デジタル大辞泉の例文にもあるように、「顔色を失わされた」とするべきでした。

第六節　スクリーム！　助詞の使い方が気になり、底なし沼に嵌まる

「『てにをは』がおかしい」等と、たまに耳にする〝あれ〟なんですが、多くの人が、大概は自然と使いこなせていると思っているものでしょうし、また、こんなことに注意を向けなくても、日常生活を送るのに「何ら！」支障を来たすものではありません。

ただ、その助詞の意味を把握しながら文章を記述しようとすると、意外と手こずるもので、例えば、格助詞の「に」について広辞苑を見てみると様々な使い道についての説明が事細かにされており、言葉を駆使して創作活動に取り組む者として反省するところが大なのですが、つい、面倒になり、もっと端的な説明がされているものはないかと、例えば、ネット上のウィキペディアを参考にしてみると、「日本語の助詞」という所で、各助詞について〝短め〟に説明してくれてはいるものの、格助詞の「に」等については、「名詞および名詞に準ずる語。動詞の連用形または、連対形などに付く。物体の存在する場所や移動の目標点および到達点。相手に視点を置いたときの相手の動作、対象に対する方向性が感じられるときの動作および状態の

対象……」等の説明で六行分に収められており、確かに、広辞苑に比べれば短めです。が、余りにも抽象的で、霧の中に実体が微かに姿を現したかと思ったら、また、霧の中に消えゆくその様を見ているようなものだったので、かえって意味を把握することが困難となってしまい、これまで本書の中で、度々、広辞苑の編集部の方にお尋ねした際のことを記述していましたが、そもそも、語学の専門家とはその立場が違うということを、こちらがはっきりと認識出来ていなかったため、ご迷惑をお掛けしてしまったところもあるのですが、特にこの助詞に関しては、広辞苑の編集部の方にとっても、「簡単（そう）な言葉ほど説明するのが難しいというのが正直なところです。助詞の意味については、専門の研究家でも意見の分かれる問題が少なくありません」とのことだったので暗礁に乗り上げそうになったものの、結果的には、割合、理解し易い説明がされていた、ネット上にある和英中辞典（プログレッシブ和英中辞典）を参考にすれば良かったのですが、何分、今回の、学力の部分を焦点とした推敲のやり方についてノウハウが確立されておらず、手探りの状態で進めなければならなかっただけに、遠回りもしてしまいました。

このことはともかく、日頃、無意識に使っている言い方の一つとして、例えば、「右に曲がる」という言い方もあれば「右へ曲がる」という言い方もあり、よく考えれば、どちらの方が正しいってあるのか？　等と考え出すと、ふと、自身、本当に助詞というものを正しく使いこなせているのかという思いも起きる訳で、このように、ふと気付けば勝手に言葉や文章の中に入り込んでいるくせに、それでいて、その意味について改めて考えようとすると、意外と面倒にして厄介な存在である助詞の使い方について、幾つかご覧になって頂こうかと思います。

①行ったのは林間学校「へ」？　林間学校「に」？

思い出してみろ。去年の五月、箱根にある林間学校に行ったろ？

前述した「右に」、それとも「右へ」曲がるのと同等のケースです。自作では、一応、「に」としましたが、プログレッシブ和英中辞典を見てみると、

―に【―に】《格助詞》

2〔方向〕to 〔目的地〕for

明日京都に行く

―へ【―へ】《格助詞》

1〔方向〕

彼は北へ向かった

と、どちらの助詞も使えるように、結果的には「やっぱ、そうじゃん！」の一例でしたので、

無意識に使っていても問題ないようです。

②電車「を」降ります？　電車「から」降ります？

電車を降りて改札口を出た。

「これもまた、どちらの言い方でもOKなんじゃないの？」という声も聞こえてきそうですが、プログレッシブ和英中辞典を見ると、その意味合いは若干違っているようです。

—を【—を】《格助詞》（▼他動詞の目的語として、また、前置詞を用いて表すことが多い）

6〔動作の起点を表す〕

8時にホテルを出た

—から【—から】《格助詞》

1〔場所の起点を示す〕

彼は部屋から出て行った

③「文庫本に読み耽っている」という言い方の方がポピュラーな感じがしたため

……

次に、右手二・五メートル程の後方で文庫本を読み耽っている二〇代くらいの男だが

自作の中でこう表現した際、「文庫本に――」という言い方もあると思い、また、どことなく、こちらの方がポピュラーなんじゃないかとも感じたので、プログレッシブ和英中辞典で確かめてみました。

―を【―を】《格助詞》（▼他動詞の目的語として、また、前置詞を用いて表すことが多い）

1〔動作の対象を表す〕

新聞を読む

―に【―に】《格助詞》

10〔動作の対象〕

山に登る

余りポピュラーではない言い方でもＯＫでした。

④〝聞かされた〟場合は「から」で、〝聞いた〟場合は「に」の方が適切では？とも感じましたが……

世話好きな教官の奴から〝良い子〟になるための〝為になる〟話を聞かされ「聞かされた」と「聞いた」という言い方では、前者が受動的、後者が能動的なので、助詞についても使い分けるべきかと感じ、自作のケースではこのような言い方にしましたが、仮に「教官に――」という言い方でも間違いではなかったようです。

―から【―から】《格助詞》

3〔動作の元となる人を示す〕

父からたっぷりしかられた

―に【―に】《格助詞》

12〔動作主〕

彼にだまされた

⑤助詞〝一文字違い〟で、その意味合いが変わってくるケースについて

若い男で、警察から銃刀法違反で逮捕された際、〝護身用〟等と主張し携帯しているケースは時折あるかと思うが

自作のこのケース、自身、「若い男で」という言い方に、若干、不自然なものを感じたので、「若い男が」とするべきなのかと思い、プログレッシブ和英中辞典で確かめたところ、結果はどちらの言い方も出来ることは分かりましたが、その意味合いは違ってくるようです。

—で【—で】《格助詞》

9〔動作の行われる状態・条件〕

一人でそれをした

—が【—が】《格助詞》

1〔主格関係を表す〕

鳥が鳴いている

⑥これも助詞〝一文字違い〟で、その意味合いが変わってくるケースかと思ったら……

だって、レクター博士を見てみろよ！　博士と良からぬプレイをしようとした大富豪が、自身を手足の利かない宙吊りにしている時、博士から注射を打たれてトリップし、鋭利に割れた鏡の欠けらを渡され、これで自分の顔の皮を剥げと仕向けられただろう。

自作は殺人事件物だけに何かと過激な文章も出てきて、これもその一つなのですが、やはり、ここでも内容よりも、この節のテーマである助詞に注目して頂きますようお願い致します。

―に【―に】《格助詞》

14〔状態〕

二つの線は直角に交わっている

例えば、これが「鋭利な割れた鏡」の欠けらとすると、意味合いは変わってくるのか？　と思ったものの、プログレッシブ和英中辞典に終助詞以外の「な」の助詞についての記載はなかったので、広辞苑で調べてみたのですが、「体言と体言とを接続して連体修飾を表す」とある格助詞に相当すると思うものの、例えば「鋭利な刃物」としたなら使い方として合っているのでしょうけれども、「鋭利な割れた鏡」の〝割れた鏡〟というのは、果たして体言と言えるものなのか？　と、体言についても広辞苑で確認してみたのですが、「自立語で、活用を有せず、文の主語となり得るもの。名詞・代名詞の称」とすると同時に、「副詞などを含める説もある」

と、含みのある説明がされているものの、そもそも「割れた鏡」の〝割れた〟は副詞なのか？……動詞の連体形？　……とにかく副詞じゃなく、活用を有しているとなると、「割れた鏡」は体言とは認められないのか。なら、「鋭利」という言葉と「な」の格助詞で結び付けることは出来ないのか？　いや、よく見たら、広辞苑は副詞〝など〟と含みを持たせているものの、「割れた」は、この〝など〟に入れられるものなのか？　……やばいです。非常に深みに嵌まっていく感があります。このケース、実際には、自作では「鋭利に割れた鏡」と、少なくとも間違いではないだろうと思われる表現にしましたが、著書全体に亘って無意識に書き連ねた助詞の数々について、漠然とした不安が過ります。

こんな時、第二章で登場した、悩みを抱える若者に助言した老人なら、きっと「お前は文法的に正しく書けているのかどうかということだけで生きているのか？」等と口にするのでしょうけれども、少なくとも、間違っているよりは正しく記述出来ている方がいいに決まっている、と言うより、言葉を駆使して創作活動に取り組む者として、こうあるべき。

とは言え、一つ一つ検分しようものなら、前節の、言葉と言葉の組み合わせ方が適切なものなのかどうかということ以上に「日が暮れちゃう」作業となる故、現実との折り合いを考えなければならなかったのが実の所です。無念……。

いや、そもそも、いいんでしょうか？　大丈夫でしょうか？　このようなことを語っていて

OKでしょうか？　おそらくは、多くの人が〝気にも留めずに〟使っていると思われる助詞について、あれこれと思いを巡らせていて問題ないんでしょうか？　むしろ、不安を覚えるべきは、このことなのか⁉　やばいです！　本が売れない、読まれないと言われている〝冬の時代〟に、また、「マンガで見せるビジネス書」なるものが刊行されている。あるいは、カラーの料理写真が〝主役〟の、読者にとって健康に良い情報が満載された、「タニタ食堂」のレシピ本がベストセラーとなっている現在、我ながら、こんな〝超〟マイペースなことをしていて、この先、生活していけるのか⁉　ピンチです！　本書は世に送り出す二作目にして、自身の「遺作」となってしまうのか⁉

「天は我々を見放したー！」――映画『八甲田山』で、青森の連隊が雪中行軍の演習中に遭難し命を落としていく、その登場人物の叫びが思い起こされます。いや、故・岡本太郎さんは、昔、TVCMで「グラスの底に顔があったっていいじゃないか」と言っていた。ならば、自身の思うところに従って死んでいったっていいじゃないか？　まあ、このことはともかく、お腹がはち切れんばかりに食べ物を詰め込むようにして助詞について語るのも何ですから、この節は、もうこの辺で終わりにしたいと思います。

ちなみに……担当の編集者による漢字の表記の誤りの訂正や提案等及び〝書きっ放しジャーマン〟の弊害について――

書きっ放しジャーマン？　……目にされて気になるフレーズかと思いますが、これについては追々説明させて頂くとして、取りあえず担当の編集者にその作業をお願いした際の〝あれやこれや〟を記述致します。まずは漢字の表記の誤りについてですが、以下の件で間違えてしまいました。

①間違いには違いないのですが、〝お出来になる〟イメージのあるＮＨＫの方と同じ間違いをしていたことは、どこか嬉しい……

運送会社と搬送先での荷物の積み降ろし（正しくは**積み下ろし**）

面白半分にネット上に書き込まれる殺害予告は、対象者を特定したものから無差別なものまで、凶悪な事件が起きた時は特に後を絶たない。（正しくは**跡を絶たない**）

不特定多数の人間が行き交うような場所ともなると、常に防犯カメラがその眼を光らせ
（正しくは**目を光らせ**）

その袋を入れたダンボール箱が（正しくは**段ボール箱**）

蝶の羽根をむしり取ったり（正しくは**羽**）

世話好きな教官の奴から〝好い子〟になるための〝為になる〟話を聞かされ
（正しくは**良い子**）

階段を登っていった。（正しくは**上っていった**）

「積み下ろし」――微妙なところはあるようなのですが、担当の編集者曰く「漢字はこのように書き分けられます」とのことでした。

「跡を絶たない」――〝同罪の人〟を求める訳ではありませんが、このケース、「後を――」と表記してしまう方も結構いるのでは？　例えば、以前、ＮＨＫのニュース番組を見ていたら、

やはり「後を絶たない」とテロップされていて……いや、決して他者を貶めるつもりで言ってるんじゃないんですよ。ただ、同じ間違うにしても、NHKのニュース番組でテロップを打っているような人は〝お出来になる〟イメージがあるものですから、こういう人と同じミスをしたというのは、どこかホッとするものがある訳で……いや、申し訳ありません。他者を〝巻き添え〟にする必要はありませんでした。

「目を光らせ」――カメラで〝一眼レフ〟等というものがあることから、防犯カメラの場合でも「眼」と表記しても構わないかと判断したのですが、「目を光らせる」という言い方を一つの言葉として捉えた場合の正しい表記は「目」ということでした。

「段ボール箱」――何とも言えない感情から、思わず「うぬ～……」と、声が漏れそうになってしまいます。パソコンで漢字変換を行う際、画面には「段ボール」と「ダンボール」共に出てきたこともあり、また、引っ越し等の際、何かと便利なものであるのに、自身、軽視とまではいかなくても、どこか重くは見ていなかったのか？　別に「ダンボール」でもいいんでしょ？との気持ちから、この表記にしてしまいました。段ボール箱の〝しっぺ返し〟と言うべきか、♫人生舐めずに～♩なんてCMソングがありますが、いや、ナメたら〝墓穴〟を掘ります。

元々、自身の感覚では、この表記で良いのではないかとは思いましたが、「良い子」についてはデジタル大辞泉では検索しても見付からず、「子供を褒めていう語。よいこ」との説明がある「好《い》い子《こ》」にしましたが、これは自分の解釈が間違っていたのでしょうか。広辞苑を見ても、やはり「良い子」は載っていなく、「よい子供。子供をほめたり、なだめすかしたりする語」と説明があるので、「好い児」として「好い子」あるいは「好い児」とするべきなのかとは思ったものの、担当の編集者が指針としているものは「朝日新聞の用語の手引」であるため、これに従うと「良い子」となるようです。

蝶の「羽」を抜いたり――担当の編集者からは、分かり易くイラストで説明を受けたのですが、「羽」の場合は〝翼〟を指し、「羽根」だと、羽の〝根元〟に当たることから、自作のケースでは間違いでした。

「上っていった」――これについてもデジタル大辞泉の「あがる・のぼる」の違いについての用法に注目し、「『登る』は途中経過、経由する所を意識していう場合が多いのに対し、『上がる』は到達点ととらえることが多い」との説明と、例文にも「石段を上がる（登る）」とあり、そして自作の場合は「階段」なので、同等のケースだろうと判断したのですが、やはり著者としては、担当の編集者が指針としている「朝日新聞の用語の手引」を参照とするべきでしょう。

後、これは自分でも気付いたのですが、三田が芸能人について触れる場面で、「これまで街中等で会ったと〝思われた〟ケースでは」の件《くだり》で、当初、「遭った」と表記していました。これは交通事故等の、好ましくないというケースに用いるものなのですが、デジタル大辞泉で「不意に出あうこと。偶然にめぐりあうこと」との説明がある「遭遇」なんて言葉があるんだから……と、ごく単純に考えたことから間違ってしまいました。

また、これらは学力の部分を焦点とした話ではないんですが、初めて本を出版することになった者として、新鮮な印象があった事柄について二つ三つ触れさせて頂きます。

②意外と〝大人の事情〟という面に関しては厳しいんですね

自作の中の、三田が自身の夢というか妄想を膨らませている場面で、
映画監督として制作に携わるというのは言うまでもないことだが、〝自分の頭の中〟では既に手掛けた作品が世界的な大ヒットを連発し、そこで得られた地位と名声を背景に、千葉にある夢の国の向こうを張って、〈ホラーワールド〉なるものをプロデュースしているところまで来ている。
との件《くだり》で、何故、「千葉にある――」等と抽象的な表現を？　と感じられる人もいるかも知れません。例えば、『国民が選ぶアニメ百選』なるＴＶ番組で、一〇〇位以内に選ばれたアニメの中には、映像が使われないだけではなく、スタジオ内で用意されたボード上で、そのアニメの主人公がシルエットになっていたりすることがありますが、おそらく、著作権の問題で、

著作者の許可が得られなかったんだろうなと想像するのですが、小説等で実在している人物等について語る場合、その人のイメージが悪くなるような表現をしていない限りは、実名を挙げることが出来ると認識しているので、自作のこのケースも、当初は直接的な表現をしていたのですが、担当の編集者によれば、この遊園地と言うかパークと言うかランドは、大変、「商標」の面で厳しいらしく、このような表現になった訳です。このことについて、自身、不満を抱いている訳では全くありませんし、また、毒舌を吐くつもりもないのですが、子供達に夢を与えている割には、随分と〝大人の事情〟に関しては厳しいんだなあと感じた次第です。

ちなみにマンガを読んでいると、明らかに〝あの有名人〟と思われる人が、登場人物の一人として描かれていることがありますが、自分の知る限りにおいては、善良な人物ではなく、一癖も二癖もあるような、あるいは陰で画策しているような悪い奴として描かれていることの方が多いように感じていて、しかも、このようなキャラクターの基となっている有名人は、世間から〝いい人〟と思われているような噺家だったり――もっとも、この方の場合、ドラマ等で自ら〝ちょいワル〟な役にもチャレンジしているようですが――、ワイドショー等で、知的で穏やかな語り口のコメンテイターとしても知られているような大学の教授だったりするのですが、その人のイメージをダウンさせるような描き方について、表現者の一人として「いいの、これ？」と思ったりもするも、これは「法の抜け道」と言うのか、例えば、作品の中で実名で登場させるというような、その有名人だとはっきりと分かるような表現を避ければ、単なる〝そっくりさん〟として済ませられるということなのでしょう。それにしても……。

③著者としては作品に、よりリアルさが感じられるようにしたかったんですが……

自作について、著者自身としては、単なる〝絵空事〟の怖い話ではなく、そこに出来るだけリアルな要素をちりばめたく、そのような手法を用いていて、新聞の見出しとして表現した箇所の、

〝S区中二女子殺人　中学校正門前に不審車〟

と、担当の編集者から訂正を求められた「S区」については、当初は、都内にある実際の区の名前で表記していたのですが、担当の編集者によれば、実際にあった事件は別として、名前を挙げることで、その場所のイメージダウンになるようなことは避けるべきと。特に学校とかは、こういうことに敏感らしく、まあ、当然と言えば当然でした。

また、これは自作の中での表現に関することではないのですが、著書が出版されてから五ヶ月くらい経った頃、出版社から販売促進につながるようなアイデアはないか協力を求められた

際、南関東のある競馬場で、個人が三万円の協賛金を支払ってレースを命名する権利が持て、また、自身が付けたレース名が場内の大型ビジョンにも映し出されるということに目を付け、何かしらの宣伝効果があるんじゃないかと提案したところ、「小説『隣の殺人者』好評発売中記念」とのレース名にして競馬組合に申請してみようということになったのですが、結果は、先方によれば、どうも「殺人」というマイナスのイメージの言葉が引っ掛かってしまったらしく、また、殺人ではないけれどもその競馬場の近くで、以前、交通事故があり、そのようなことを連想させてしまうとのことで許可を得られなかったのですが、まあ、これも「言われてみれば確かに……」ということではあるものの、同時に、自身、どこかしら考えさせられるものもあって……と言うのも、殺人事件物の小説等は、世間では、このような位置付けなのかと……以後、〝禁じ手〟とするべきなんでしょうか？　でも、どうするんだ⁉　という思いも……ホラー物にでもする？『悪霊の蠢《うごめ》く森』とか……。「なに〜っ、悪霊⁉　却下だ、却下！」──競馬組合に申請しても、デフォルメした描き方をするなら、会議でこんな声が上がるのは容易に想像出来る……。『地平線の彼方へ愛を称える』とかいうタイトルの本だったら問題はないのでしょうが、そもそも、このような本を書ける自信は全く！　ない。自信度マイナス三〇〇〇万%！　せめて『愛憎のはらわた』では？　……何かグロい響きがありますか。かと言って『愛憎のホルモン』では間抜けだし……『そして誰も愛せなくなった』では救いがない。『世界の中心で愛を叫ぼうと思ったが、世界の中心の定義には様々な考え方があるだろうし、また、下手すれば、宗教戦争を引き起こしてしまうようなことにもなり兼ねない』のタイトルでは締まりがない。『ウルトラハイグレイドスーパーキング vs. 超電獣スパーキン！』は活字で表現するような題材ではないし……いや、そもそも、創作活動に取り組む者として「考えさせられる」という思いを抱くこと自体、間違っているのか？　個人的には「それだけが芸術ではないでしょう」という思いはあるものの、「芸術は醜くて汚いものだ」という旨の名言を残された故・岡本太郎さんなら、自分のこういう感情に対して、天国から（それとも地獄から？　いや、決して太郎さんを貶めようという訳ではなく、『鬼才』と形容されたような方なら、ある意味、地獄の方が似合うかなと、ふと感じたものですから）「ＮＯ」の言葉を突き付けるでしょう。引退発表の記者会見の席で、作品を通じて子供達に、「この世は生きるに値する所なんだというメッセージを伝えたかった」と語っておられた宮崎駿さんだと、肯定するかも知れません。

ちなみに、世の中、〝アンチ宮崎派〟というような人は所々に見受けられ、自身、映画監督として海外からの評価も高いある人物等は、以前、「女子供騙しやがって！」と悪態を吐いていましたが、多くの大人は、いい意味で、ファンタジックな作品と宮崎氏本人がイコールではない、ご自身は、それ相応に人生の年輪を刻んでいるだろうことは分かっているのだから、「それを、あえて『女子供騙しやがって！』等と言う必要もないんじゃないでしょうか？」というのが、自分のスタンスです。このことはともかく、ここは創作活動に対する自身の思いを長々と口にするところではないし、話を本筋に戻します。

漢字の表記の誤り・特別編　――いや～、世の中、〝未だ見ぬ強豪〟はいます

これは『隣の殺人者』の推敲の際のものではなく、本書のこの項目の冒頭で記述していた「ちりばめる」という言葉について、当初、自分は「散りばめる」と表記していたのですが、これが間違いであることに〝偶然〟気付きました。

と言うのも、そもそも自分は、この表記で正しいのかどうかという観点からデジタル大辞泉で確かめようとしたのではなく、こういう言い方があるのかどうか、一応、確認しようとしただけなのですが、その際、パソコンの画面上には、全く関係のない言葉が表示されてしまったのです。

「えっ、まさか⁉」

こちらとしては、本当に「一応……」のつもりで検索しただけだっただけに納得のいかないものがあったので、ウェブ検索もしたところ、その中で日本経済新聞が載せていた「『ちりばめる』難しい漢字を忘れてる?」の標記が、どこかしら注意を引いたものだったので、その内

容の書き出しを見てみると、「しかし『散りばめた』と間違えてしまうことはよくあること。これは、『散らす』というイメージと『鏤める』が重なるからでしょう」とあったので、ここで「後者の方だったのか！」と気付いた次第で、再度、デジタル大辞泉で確認してみると、やはりその通りでした。

ちり‐ば・める【×鏤める】

〔動マ下一〕〔文〕ちりば・む〔マ下二〕金銀・宝石などを、一面に散らすようにはめこむ。また比喩的に、文章のところどころに美しい言葉などを交える。「螺鈿（らでん）を―・めた小箱」「甘言を―・めた手紙」

ちなみに、デジタル大辞泉で検索する場合、正しく表記された漢字は勿論のこと、検索欄に平仮名で打ってもヒットするところでした。と言うことは、仮に自分が「ちりばめる」を漢字でどう表記するのか知らない小学一年生だったとしたら、わざわざウェブ検索等する必要もなく辞書で確認出来ていたということであり、つまりは、中途半端に認識していることは、かえって知識を深めることの足かせになることを知った一件でした。

④さて、〝書きっ放しジャーマン〟についてですが……

では、この冒頭で軽く触れていました、頭の中に「？」のマークを浮かばせてしまったかも知れないフレーズ、〝書きっ放しジャーマン〟についてですが、これは単なる自分の造語で、プロレス技の「投げっ放しジャーマン」に引っ掛けているものなのですが、そもそも、この〝投げっ放し――〟に関しても、どこか滑稽な響きを持たれるかと思います。「電気点けっ放し」だとか「水出しっ放し」のように、何やらだらしない感じがあるその通りに、この技、元々は、日本では「プロレスの神様」として紹介された故・カール・ゴッチという選手の代名詞の決め技で、プロレスの芸術品とも形容された「ジャーマンスープレックスホールド」を〝堕落〟させたような技で、オリジナルは美しい言葉が冠されたように、背後から相手の選手の腰に両腕を回し、その体勢から、自身の体が弧を描きながら、同時に相手も放物線を描くようにして宙に放り上げられてマットに沈められる。また、フィニッシュの際にも、技を放った選手の体はブリッジの姿勢を保ち続けているというもので、凛とした美しさがある訳ですよ。

で、日本人の選手達の中にもこのゴッチ氏に教えを請い、これらの選手達がその技を放つ際、実況中継のアナウンサーが「ゴッチ直伝！」と声を張り上げていたものですが、やがて〝非〟直伝の粗悪なコピー技が出回るようになったどころか、「技術大国」ドイツの魂を受け継いでいること等全く感じさせない、単に無造作に相手を放り投げるだけで、自身の体に弧を描かせること等せず、また、フィニッシュの際に〝べた〜と〟仰向けに倒れるだけの、非常に見て呉れの悪いものさえ流行る始末になったという過程があるんです。単に技術がないのか、腰でも痛めているからなのか、それとも、一つの技として捉えているのかは分かりませんが、住む世界は違っているとしても、創作活動において、曲がりなりにも自身を高めようとする気持ちは持っている者としては、〝逆〟達人級とも言うべき、決して惹かれるところのない技という訳です。勿論、この技にしても、忘年会で言うところの「無礼講」的な面白さはあるものの、それだけに〝締まり〟がなく、「プロとしていいんでしょうか、それで?」とお聞きしたくなる思いがあるというのに……です！　こんな私が！　投げっ放しならぬ〝書きっ放しジャーマン〟の技を放ってしまうとは……無念……。曲がりなりにも作家の身である者としての良心に鑑み、自戒の念を心に刻むべく、伏せておくべきではないと感じた「危険球により退場処分」とも言うべき失投について記述させて頂きます。

もっとも、自分の場合の書きっ放しは学力についてと言うより、学力以前の問題の、人としての配慮に欠けた表現をしてしまったというもので、その背景について、少し触れさせて頂くとすれば、出版社と契約を交わす際、当初書いた原稿枚数では一冊の長編にするには足りないということが問題となり、そのため、本の出版時期に合わせ、全体の七分の一程度に当たる原稿を一〇日くらいで書き足さなければならなくなってしまい、いや、勿論、これは出版社側を非難しているのではありません。会社を経営していくには不文律というものがあって然るべきだし、それ故、これはあくまでも自身の問題なのですが、この間、自分の頭の中にあったものは、期日に間に合わせようということと、最低限の誤字や言葉遣いの誤りに注意しようということだけでした。

あなたの原稿、ルール違反していませんか?

これは、追加の原稿を郵送した後に、出版社から送られてきた書類の一部に記述されていた一文です。更に、その具体的な内容の一つとしての「差別用語(差別的表現)や不快な表現を使ってはいけません」について、

「差別を助長したり、他人に不快感を与えるような表現は、極力避けなければなりません。また、書いた本人に差別しようとするつもりがなくとも、そうした用語(表現)を不用意に使うことこそが問題とされるケースが少なくありません。当社としては、そのような表現は言いかえさせていただいております。編集者が原稿をチェックする際、もしくは校正のゲラへの指摘にて、適切な表現への変更をお願いすることになりますので、ご理解ください」

「このようなことで注意を促されるなんて……」

自身、心得ているはずだと思っていたことが、追加の原稿を書き上げることに急いていたことの一〇日間、全くの〝空白〟の状態となっており、自身の心の片隅にあると思われた小学生時

分の恩師の、「あなたは、自分が同じことを言われたら、一体、どう感じるんだ!?」の言葉は、どこを探してもありませんでした。

〝空白の一〇日間〟でも、かろうじて理性は残っていたかと思われたところでは、たとえば、自分でも〝感じの悪い〟表現をしていると捉えられた、グルメレポートで大袈裟なパフォーマンスを披露する後輩のお笑いタレントに対する、先輩の芸人に関しての描写では、

「そういうグルメレポートってウソっぽくて嫌だ」と批判するのだが、このような言葉を口にするこのお笑い芸人自体、ＴＶ番組での振る舞いを見る限り、「舌先三寸」で世間を渡っている感があったりする。

と、〝まさかの〟実名を挙げて表現をすること等しなかったのですが、その「まさか！」の表現をしてしまったのが、改訂後のこちらです。

熱々のきも吸いをぶっ掛けられて嬉しがるなんて、リアクション芸人くらいなもんじゃないの。

三田が、人間の多面性について考える場面で、客観視した自身の負の部分について、以前、鰻屋でアルバイトの女子店員からきも吸いを掛けられてしまった際、表情に嫌悪感が浮かんで

しまったことに対して自己弁護する気持ちを語った場面ですが、当初は「自他共に認めているところがあるんだから、いいだろう」くらいの思いしかなく、よく考えもせずに投げたボールは、相手のバッターの頭部に当たる、あるいは頭をかすめてしまい、「危険球により退場」処分となってしまいました。また、三田が、自身が住んでいる中野という場所について語る場面では、同様に、

職業柄〝露出狂〟で逮捕されるのを免れているといった感のある、それこそ〝特異で衝撃的〟な類の芸人なんかも住んでいる所だしなあ、中野は……。

改訂前、「熱々のきも吸いをぶっ掛けられて嬉しがる」の後に、あるいは、「露出狂」等と断定した上で実名を挙げるとは……自身に対して「一体、何を考えているんだ!?」という気になってしまいます。何故、こんな表現をしてしまったのか？　危険ドラッグを吸っていた訳でもないのに、自分自身が「狂っていた」としか思えない……Dさんや D倶楽部の Uさんらにはお詫びを申し上げる他ありません。この他でも一つ二つ同様のことをしてしまっており、また、これは、一応、担当の編集者には「セーフ」と判定してもらったものの、自身、「後から考えてみれば……」というもので、映画制作に携わることを夢見ている三田が、自身が脚本を書く際、説得力を持たせられる人間の描写をするんだったら、自分が生まれ育った東京を舞台とした物

語に限るという思いを抱いている場面で、そこに住む人達の人となりを正確に描くことは〝インド人を正確に描く〟のに等しいと感じている大阪の人達について、そもそも言葉遣いも難しいとした上で、

だって、〝ちゃいまんがな〟とか言うんでしょ？　語尾が〝んがな〟というのもスゴイよね、ちょっと。

という件《くだり》。方言に対し、これが使われている地域以外の人間があれこれと言うのは、厚かまし過ぎました。その地域以外の人間からすれば滑稽な響きがあったとしても、ここは、あくまでも、ご自身らに考えて頂こうと、

語尾が〝んがな〟って……。

等と、含みを持たせた表現をするべきでした。また、これ以上に「酷《ひど》かった」のは、三田が、殺人事件物の舞台を大阪にした場合を想像し、

例えば犯人から刃物で刺された被害者のセリフは「痛いじゃあ～～りませんか」とかになるのか？　なる訳ないか、やっぱり。

我ながら〝一夜漬けジャーマン〟にも程がある！　どこかで目にした『よしもと新喜劇』の一場面に引っ掛け、何の考えもなく表現してしまうとは……。と言うのも、このセリフ、大阪の人達の〝本質〟を突いているとは思えないからです。実際がどうであるかは別として、少なくとも、これは、一般的な東京の者が考える大阪の人達のイメージには合致していない。重ねて、あくまでも〝東京の者にしてみれば〟の正解は、

例えば犯人から刃物でメッタ刺しにされた被害者のセリフは「今日は、もう、これくらいで勘弁しといたる」とかになるのか？　なる訳ないか、やっぱり。

これが正解だったとは思うものの、これではどぎつい印象がある故、こうなると「人権に対する配慮の欠如」という問題が浮上してきます。いや、むしろ、ここまでの表現をしようとした方が、自分でもこの問題に気付けたし、また、担当の編集者にも気付いてもらえたのではないかと思います。たとえ表現がどぎついものであろうと抑えたものであろうと、この件《くだり》は殺傷事件を茶化しているとの批判を受けたとしても仕方のないものであり、もし、自作の重版が叶った場合には、一度は出版社に改訂を申し出ようかと考えたものの、第二節の所でも触れましたように、出版されて世に出回ったものは、やり直しのきかない「公式戦」におけるプロ野球選手のプレイと同等のものと捉えるべきと思い、自戒の念を心に刻むべく、あえて、この〝書きっ

放し〟については、そのままにしておこうと考えた次第です。

いずれにしても、今後、自作の中で、インド人と大阪の人達を描くことはないと思います……。

また、これは〝空白の一〇日間〟に書かれたものではないものの、結果、〝書きっ放し〟となってしまった件《くだり》です。


成熟した社会に生きる人間たる者の考え方を自身に必要と感じ……そう言えば、今、オカマなんて言い方したら、下手すると差別用語になってしまうのか？　オカマじゃなくて、性同一性障害の人？　まあ、このことはともかく、物分かりの良過ぎる受け手となってしまうのは、洗練を身に纏おうとする社会の落とし穴に嵌まる危険を孕んではいないだろうか。

単純に犯人を〝悪い奴〟だと決め付けるのは稚拙な考え方だとは思うものの、余りにも寛容的であるのもどうなのかとの思いを三田が抱いている場面ですが、担当の編集者からは「そう言えば」から「このことはともかく」までの部分の削除を提案され、そのように訂正しました。

自分としては、昔なら、単に〝異物視〟されていたオカマの人に対しての理解も深められている今の社会にあって、という意味を持たせたつもりなのですが、そもそも、オカマと性同一性障害者は同一ではなく、後者の場合は、大辞林第三版に「性に関する精神障害の一」とあるように、そのため、担当の編集者から「誤読されるといけません」と指摘されてしまいました。同様に以下は、当初、表現していたものです。

性同一性障害でその気があるような人にでも見初められない限り、見知らぬ者が風呂場の天井に取り付けられている点検口から自分の部屋に侵入してくるなんて、九九・九九％心配の種になるようなものではないだろう。

三田が、自身の住んでいるアパートの風呂場の天井に取り付けられている点検口を開けた場合、天井裏は他の部屋との仕切りがない構造になっているのでは？　と感じ、不審者に殺害の機会を与えるようなことになってしまうんじゃないのかと危惧するものの、余りにもリスクが高い行為だと思い直し、このような常識外れなことをするんだったら、殺人者と言うよりもストーカーだろうとし、また、これは通常、男だろうと考えた末の思いを記述したのですが、これに関しても、自身、性同一性障害の何たるかが全く分かっていない上での、デリカシーを欠いた表現をしてしまいました。

それまでマスコミの報道等で、性同一性障害者が抱えている問題を見聞きしていたとは言え、これが自身の心には残っていなかった。こういう人達の悩みや苦しみをまるで分かっていなかったということを痛感した次第です。

最後に、三田が、自身が働いている会社の社長について、従業員に対して命令口調の物言いをすること等決してなく、また、たまに街中等で、携帯電話を片手に、下請け、あるいは孫請け業者かと思われる者に対し、高圧的な口調で話をしている者を見掛けることがあるがとした上で、

うちの社長なら、おそらく、自身が孫請け業者の上にいる立場であったとしても、このような態度に出ることとなんてないだろう。

との思いを馳せている件《くだり》がありますが、ちなみに、自分は、他者に対して命令口調の物言いをするような人に対し、その人間性を大いに疑います。もし自分が、他者からそのような物の言い方をされた場合、自身に何の感情の乱れも感じずに、「はい、仰せの通りに致します」等と口に出来るものでしょうか。他者に対する高圧的な姿勢は、思い上がり以外の何物でもないと思います。

ちなみに、世に言う「名言」の中には、命令口調や断定口調のものが多いように感じます。後者の場合、必ずしも他者を意識した言葉ではないでしょうから、一概にどうこうは言えませんが、命令口調の場合、仮にその人が「偉人」と称されていたとしても、自分自身、疑問に残るところがあります。それ故、今回、自作の編集作業に関わった経験から、名言とされている

その具体的な例を挙げ、自身、編集者の気持ちでご提案させて頂こうかと思います。

で、まず、ソクラテスの名言についてです。

「世界を動かそうと思ったら、まず自分自身を動かせ」

〝言語道断〟の、ど直球！　の命令口調です。「無神経、ここに極まれり！」の感があります。

次に、ジャン＝ジャック・ルソーの名言です。

「生きるとは呼吸することではない。行動することだ」

一応、〝情状酌量〟の余地はある断定口調のものとは言え、やはり、どこか居丈高です。これらを自分が編集するとしたら、まず、ソクラテスについては、

「世界を動かそうと思ったら、まず、自分から動いてみるというのは如何でしょうか？」

あるいは、

「自分から動いてみるというのも、一つの手ではないでしょうか？」

とし、ルソーの場合は、このようにします。

「生きるとは呼吸することではなく、行動することなのではないでしょうか？　さ、皆さんは、どのようにお感じになられましたでしょうか？　いずれに致しましても、いや〜、生きていくのって大変ですね⁉」

もっとも、仮にお二人がまだ御健在で、このような編集の仕方をしたら、お叱りを受けることと必至でしょうけれども……。

さて、おふざけはこのくらいに致しまして、次の第七節へ移りたいと思います。

第七節　普段何気なく使っているけど、これってどういう意味？

第二章の所でも触れましたが、「人生の意味が分からない」の〝意味〟等のように、改めて他の言葉で説明しようとすると、意外と困る場合もあろうかと思うのですが、自身、何気なく使っていても説明が出来るくらいに理解しているのか？　と、ふと思ったりすることもあるのですが、ここでは、自作の中から、こういった言葉を幾つか取り上げてみようと思います。それぞれ、どのような言葉に置き換えられるのかを考えながら読み進めて頂きますと、より興味深いものになるかと思います。置き換えられる別の言葉（デジタル大辞泉または大辞林第三版による説明）については、この節の最後に記述しました。

尚、取り上げた言葉の中には、複数の意味合いを持っているケースもありますが、例文に適したものとしてお考え下さい。また、その場合でも、辞書では言葉を変えて二、三の説明があるのですが、ここでは、その中でも分かり易さを考え、出来る限り端的な言葉で説明されているものを選びました。

1　まがりなり‐にも【曲（が）り▽形にも】

〔副〕

加害者による謝罪という、本来なら曲がりなりにも価値の認められる行為

2　こまね・く【×拱く】

〔動カ五（四）〕「こまぬく」の音変化。

たとえ行政が手をこまねくしかなく、事件を知ることになる者達が憤りを感じることしか出来なかったとしても

3　ご‐へい【語弊】

語弊があるが

4　あながち【▽強ち】

1〔副〕（あとに打消しの語を伴う）

5　め・く【め・く】

〔接尾〕《動詞五（四）段型活用》

あながち自分とは無関係、自分は安全だとは言い切れない危機感めいたものを持たざるを得なくなっているのもまた、事実だ。

6　ひと‐しきり【一▽頻り】

嬉しい誤算から、その場で一緒に仕事をしていたどこかの兄ちゃんと「楽でいいねえ～、こんなに楽だとは思わなかったよ」と、ひとしきり盛り上がっていたのだが

7　ちなみ‐に【▽因みに】

〔接〕

ちなみに、自分は今、父親が出入りしている工務店さんの紹介で溶接の仕事に就いていて

8　ろく【▽陸／×碌】

〔名・形動〕（あとに打消しの語を伴って用いる）

以前、TVの情報番組で紹介されたお好み焼屋が近所にあったので食べに行ったことがあったが、何て言うか、〝報道負け〟したと言うのか〝話題負け〟したと言うのか、とにかく、

ロクな代物じゃなかった。

9　なり【なり】

❶〔接助〕動詞・動詞型活用語の終止形に付く。

家に帰ってくるなり

10　能（のう）がな・い【能がない】

その気がない異性からお付き合いの申し込みをこれまで現にされたことがある人もいるだろうし、また、これからされるかも知れない人だっているかと思うが、その際、申し訳なさそうに頭を下げながら「ごめんなさい」と口にするのは誠実な態度だとは思うものの、同時にこれでは能がない

11　とりあえ-ず〔とりあへ-〕【取り▽敢えず】〔副〕

12　あしがかり【足掛かり・足掛り】

とは言え、どうしたら映画監督になれるものなのか、その術が分からない。取りあえず、自分でオリジナルの脚本を書いて制作会社に売り込み、これを足掛かりにして……と考えた

のだが

13　だに【だに】

〔副助〕名詞、活用語の連体形・連用形、副詞、助詞に付く。

逮捕され、犯人の正体が明らかになるまでは、一四歳の少年による犯行だとは誰も想像だにしなかったあの事件――。

14　はしり【走り】

現在の少年犯罪の走りにして、今も尚、少年犯罪史上、最大の凶悪事件であるあの事件――。

15　突拍子（とっぴょうし）もな・い【突拍子もない】

自分でも、突拍子もない考えだとは思うのだが……。

16　たる【たる】

《文語の断定の助動詞「たり」の連体形》

成熟した社会に生きる人間たる者の考え方を自身に必要と感じ

17　まま-なら。ない【×儘ならない】
〔連語〕
このような家では、たとえ本人は行きたいと思っていても、進学させてやることはおろか、学校へ通わせること自体ままならないかも知れない。

18　かんばし・い【芳しい／×馨しい／▽香しい】
〔形〕〔文〕かんば・し〔シク〕《「かぐわしい」の音変化》〔多く打消しの語を伴って用いる〕
視聴率の芳しくないTV番組が改編期を待たずに打ち切られることがあるように

19　ひょん-な【ひょんな】
〔連体〕

20　なに-せ【何せ】
〔副〕《代名詞「なに」＋動詞「する」の命令形「せい」から》「何しろ」に同じ。

……と思っていたのに、ひょんなことから、疑惑の同僚が自分に興味を持つようになってしまった。

と言うのも、何せ狭い職場なもんだから、先輩の誰かからでも聞いたのだろう。自分が映画制作の夢を持っていて、脚本を書いているという話を。

21　高（たか）が知・れる【高が知れる】

少年院を出立ての奴が溶接工としてもらえる給料の額なんて、たかが知れてるだろう。

22　セレブ【celeb】

〝一部のセレブご愛用〟でもない限り、普通は高くても数万円程度で済むだろうメイク用品

23　まる‐で【丸で】
〔副〕

しかも何か変な言い方。まるで英語の教科書に出てくるみたいな……。

24　こころおき‐なく【心置き無く】

〔副〕

今はこうして、心置きなく本心を語れるって訳だ。

25　せめてもの

（連語）

俺としても、せめてもの罪滅ぼしはしてやれたと思う。

26　もって【以て】

（連語）〔動詞「もつ（持つ）」の連用形の音便の形「もっ」に接続助詞「て」の付いたもの〕

動詞「持つ」の具体的な意味が薄れ、一語の助詞のように用いられる。

—格助詞的に用いられる場合、「をもって」の形で用いられることが多い。

もっとも、毒には毒を以て臨む他はないのかも知れないけどな。

27　あえ‐て〔あへ‐〕【▽敢えて】

〔副〕《動詞「あ（敢）う」の連用形＋接続助詞「て」から》

……あ、そうそう、更にお前が混乱するようなことを言うようだが、何点かについては、俺はお前に、あえて偽の情報を与えておいた。

28　てっきり【てっきり】

〔副〕

てっきり、あいつが犯人だとばかり思っていたのに……。

29　けっし‐て【決して】

〔副〕（あとに打消し・禁止の語を伴って）

決して人は悪くないが、大山さんは人格者というタイプじゃない。

30　きらい〔きらひ〕【嫌い】

〔名・形動〕（「きらいがある」の形で用いる）

〝夢を好物にして生きている〟せいか、高い方にあるものは、自身の〝妄想〟を膨らませられるようなものに、どうしても食い付いてしまうきらいがある。

31　あくどい
〔形〕〔文〕あくど・し〔ク〕
ひたすらあくどく利益を追求しながら、世界を市場にチェーン展開を目論んでいる

32　さすがに【流石に】
〔副〕《動詞「な(為)す」の已然形＋完了の助動詞「り」の連体形》
その時は自分の父親もあいつのマンガに目を通していたようだったが、ごくごくフツーに生きている父の反応は、「マンガ家になるのは諦めろって言ってやれ」というものだった。
元木と同じく夢を好物にしている者として、さすがにそれは言えなかったが

33　なせ‐る【▽為せる】
〔連語〕
これも、あいつの異常な思考回路の為せる業なのか？

34　らちがあかない【埒が明かない】

そこから、突然、あいつが飛び出してくることも十分想像出来たが、こうしていても埒が明かないので、意を決して部屋の中に踏み入れてみた。

35　おぼつか-な・い【覚▽束無い】
〔形〕〔文〕おぼつかな・し〔ク〕

その光景に、思わず仰け反って足元が覚束なくなり、尻餅をついてしまった。

36　あく-まで【飽く×迄】
〔副〕《動詞「あ（飽）く」の連体形＋副助詞「まで」から》

「（中略）それは、俺の提案するゲームの趣旨とは違う。このゲームは、あくまでも、お前との対戦が目的だからな」

37　こころ-なし【心×做し】
（多く、副詞的に用いる。また、「こころなしか」の形でも用いる）

一日の就業時間が終わり、仕事に精を出していた者達に気軽に声を掛けるのはいつものことながら、その時は心なしか、ちょっと輝いて見えたその姿――。

※1～37の、それぞれを別の言葉に置き換えるとしたら――
（デジタル大辞泉または大辞林第三版の説明より）

1　曲がりなりにも＝不完全ながら
2　こまねく＝何もしないで傍観する
3　語弊＝誤解を招きやすい言い方
4　あながち＝必ずしも
5　めく＝そのような状態になる
6　ひとしきり＝しばらくの間
7　ちなみに＝ついでに言うと
8　ロク＝まとも
9　なり＝…するとすぐに
10　能がない＝機転がきかない
11　取りあえず＝なにはさておき

12 足掛かり＝糸口
13 だに＝…さえも
14 走り＝先がけ
15 突拍子もない＝突飛である
16 たる＝…であるところの
17 ままならない＝思いどおりにならない
18 芳しい＝好ましいもの（自作の『芳しくない』は打消しの語を伴って用いたケース）
19 ひょんな＝意外な
20 何せ＝とにかく
21 たかが知れる＝大したことはない
22 セレブ＝著名人
23 まるで＝あたかも
24 心置きなく＝安心して
25 せめてもの＝最小限の
26 以て＝…によって
27 あえて＝無理に

28　てっきり＝きっと
29　決して＝絶対に
30　きらい＝好ましくない傾向
31　あくどい＝たちが悪い
32　さすがに＝そうは言うものの
33　為せる＝おこなった
34　埒が明かない＝事態が進展しない
35　覚束ない＝しっかりせず、頼りない
36　あくまで（も）＝どこまでも
37　心なし＝気のせい

ちなみに、この「心なし」に関してなんですが、ＹＡＨＯＯ！　の知恵袋の所で、「心なしか」の意味についての質問のベストアンサーに選ばれた回答で、「本来は『思いなしか』と言います」と最初に結論付け、何故、「心なしか」では文法的に間違っているのかを理路整然と述べた後、「正しい『思いなしか』が復権するよう願ってやみません」とコメントしていた人がいたのですが、出版社の編集者にさえ指摘されなかったことについて、何で、この人は知っているんだ⁉　と、「一体、何者なんですか、あなたは⁉」という気持ちになり、とすると、この節で、この「心なし」を取り上げることは出来ないのか⁉　と思いましたし、また、「思いなし」「思いなしか」共にデジタル大辞泉に記載されているものの、同時に「心なし」「心なしか」もあり、更には広辞苑にもこれらの言葉は載っていたので、取り上げても問題はないだろうと判断した次第です。

第八節　ニュアンスを重視した表現

お笑い芸人の、さま～ずのお二人が受け持っている深夜番組のある回で、所々フリップ上のスプレーのりで覆われた空欄に正解だと思われる言葉を足しながら、童謡の『シャボン玉』の歌詞を完成させようというコーナーがあったのですが、勿論、そこは、基本的にはお笑い芸人として、スタジオに見学しに来ている観客の笑いを誘うための面白い言葉を書き込んでいくのですが、コーナーを締め括るに当たってはまともに考えようと、その時は二番の歌詞の中、

　シャボン玉消えた
　飛ばずに消えた
　□すぐに
　こわれて消えた

の、□を埋める言葉に「手元で」を選び、正解に近い気はするのだけれども、どこか違和感が消えないままスプレーのりをめくり、「生まれて」が正解であると分かった時、二人

が「ああ、そうか！」と納得がいったように、ニュアンスを重視した表現というのは、つまりはこれと同じで、厳密にはシャボン玉が命ある存在として生まれてくるはずがなくても、聞き手は、十分理解出来るだけの感性を持っていることを前提に表現したものだと言えます。

自作でも、こういう表現を所々用いましたが、ここでは『シャボン玉』の歌詞と同様、ポイントとなる部分を隠しますので、そこにどんな言葉が適当なのかを考えて頂きたいと思いますが、これこそ正解なんてものはないのだし、自由に発想して頂ければ良いかと思います。

一応、自分なりの表現をした①〜⑳のそれぞれについては、この節の最後に記述致しました。

①殺人までもが〝　　　　〟され、誰もが人殺しになれる世の中——。

　が、当然のことながら、そんな〝権利〟等ない。

昔なら、凶悪な事件を起こすような犯人というのは大体相場が決まっていたはずなのに、いつの頃からか、見た目ごく普通の人間が、簡単に人を殺すような時代になってしまったことについて、三田が抱いている思いですが、普通は、国語辞典の説明にもあるように、経済を活性化させようとする際に使われる言葉です。

②また、加害者と被害者の関係が親子という場合も全く珍しいことではなくなり、殺害の手口にしても、殺した相手を中に放置したまま住居を爆破したり、または無差別殺人、猟奇殺人等と□寄りにエスカレートする一方で

普通は「劇場型」等の言葉を用いるケースが多いのですが、ここではより刺激的な、それだけに、若干、不謹慎とも受け取られ兼ねない言葉をあえて選びました。

③もっとも、今、通り魔事件なんて、その多くが〝劇場型〟へと特化しているから、奴らだって、〝□の少ない〟こんな住宅街を〝□〟とするのは不満があるだろう。

昨今の通り魔事件について三田が思いを抱く場面ですが、文全体を通し、バランスの取れた言葉を考えてみて下さい。

④まあ、こういった輩には注意するに越したことはないのだが、この手のタイプは、はっきりと周りの者に〝注意を促してくれている〟とも言えるので、こちらとしても有難い。ただ、滅多に目にする機会はないと断ったように、奴らは〝□〟の危険人物と言うか〝前時代的〟で、むしろ〝古き良き〟とさえ言える。

怒鳴り声を上げて恫喝まがいのことをしたり、壁にパンチやキックを乱れ打ちする等して、自身の負の感情を露にし、周囲の者達に緊張感を抱かせるような者に対する三田の見解ですが、〝前時代的で古き良き〟言葉をお考え下さい。

⑤犯人を中心に置いた円の外縁に立った所から見れば、まるでホラー映画のように感じられることでも、犯人に近い所で見てみれば、実際には□という虚飾を纏った現実のこととして、あるいは、凶悪な怪物ではなく一人の人間の話として捉えられるかも知れない。

実際には纏《まと》うことの出来ない抽象的な言葉を、文の前後関係から想像してみて下さい。

⑥いつ、どこで……これは未来かも知れないが、〝□〟に捕まらないとも限らないからな。

DNA型鑑定等のハイテクが、更に進歩するだろうことを見越し、殺人少年が、自身、犯行に及んだ際、念入りに事を済ませたことを告白する場面ですが、〝未来のハイテクを象徴〟する存在として、また、この件《くだり》の少し前で触れていたことから用いました。これは、少し捻って考えてみて下さい。

⑦俺の［　　］であり勲章でもあったあの日の夕刊……。

観客を重体に至らしめた遊園地での事件を報じた新聞の夕刊を、警察が遂に自分に辿り着けなかったこともあり、殺人少年は誇るべき宝物として記念に取っておいたのですが、この夕刊紙のことを勲章でもあるとする前に、一体、何と表現していたのか。普通は、戦地を舞台とする場合に使われる言葉です。

⑧いい加減な情報だって多いだろう大雑把なネット検索ではなく、もっと〝［　　］〟が取り除かれていそうな、会員制のサービスを提供しているサイトなんかで、この手の書き込みはないものだろうか……。

〝世紀末の殺人少年〟に関する情報をネット上に求めようとした三田の思いが語られた場面ですが、本来は化学の実験等の際に使われるような言葉です。

⑨［　　］（大正解）！　……。

年齢や今やっている仕事、職場に入ってきた時期等、条件が一致することから、三田は同僚の田中のことを、十年前に凶悪事件を起こした殺人少年だったその当人ではないのか？　と疑うのですが、悟られたくないこんな自身の胸の内を、自身の言動や振る舞いから、田中にその旨を指摘され、「やばい！　見抜かれた！」と感じた三田の気持ちを〝端的過ぎる程端的に〟表現したものですが、これについても、少し捻って考えてみて下さい。

⑩やはり、こう考えるのが普通だよ。前科者にとってリスクが高いが故に、同じ職場の人間を殺すはずがない等という、〝［　　］〟ですらないこちらの想像を超えて、奴が〝達人級〟というところまで腕を上げていたら、どうすんのよ⁉

前歴に非行があるだろう田中にとって、同じ職場の者を殺害の対象とするなんて、警察の捜査の網にも引っ掛かり易くリスクが高いと見て、自分の身については心配することはないだろうとの考えがまとまりそうになりながらも、不安の残る三田の気持ちを表したものです。〝達人級〟にしても［　　］の部分にしても、殺害行為をした者に対し、やはり、普通は使わないような言葉です。

⑪妄想が再び［　　］に頭をもたげさせようとしたが、それ以上に、冷静な判断が勇気を与えてくれた。

田中が自分を殺すはずはないだろうと、三田が意を強くする場面ですが、そこに至るには、心配性な自身が、自分が疑われていることを承知している田中から、からかわれる場面を想像すると共に、これに反発する気持ちが起こるのですが、これを表現したものです。

⑫路面や地面、家の屋根や木の葉をかすかに打ち始め、雨足が徐々に強まっていくその□を辺りに感じながら、二階へと続く階段を上っていった。

田中が借りているアパートへ、思い掛けずに三田が行く羽目になった際の、田中の住む部屋へと向かう場面です。緊張感を伴った、不気味な雰囲気を出すのに適当かと思われる言葉を選んでみました。

⑬「おーい、三田君、待ってよお！」
　男の声が、氾濫する雨音の□から顔を覗かせる。

豪雨の中、三田が、包丁を手にした殺人鬼に追い掛けられる場面ですが、前後の関係から、バランスの取れそうな言葉を考えてみて下さい。

⑭そうこうする内に、死んでなんかいられないという、こんな自分の決意を皮肉にも自身の体は□、息が上がってきてしまった。

殺人鬼に追われる中、気持ちとは裏腹に体力が限界を迎えそうになる三田に、自身の体は？擬人化したものと考えると分かり易いかも知れません。

⑮雨足は更に激しくなり、無数のしぶきを上げさせながら路面を叩き、自分の顔も殴り付けてくる。が、その□が閃きをもたらしてくれた。

防犯連絡所！

住民でも連絡員をやっている人がいることを思い出し、そのような家は近くにないのかと、三田が一縷の望みに懸ける場面です。これも、激しく降る雨を擬人化して表現したものですが、「殴り付ける」を言い換えたような言葉を考えてみて下さい。

⑯必死で辺りを見回したが、やはりこのような家は、なかなか見付からない。そう都合良く……。

諦め掛けたその時、視界を横切ったものに□を呼び戻された。

簡単にはいかなかったものの、遂に防犯連絡所を見付けることが出来た際の、〝絶望の淵から生還〟した三田の気持ちを想像してみて下さい。

⑰先が闇に包まれ、どうなるのか分からなくとも、とにかく生き残るための［　　］を見付け出さないと……。

迷路のような細い道が入り組んだ住宅街の中で、追ってくる殺人鬼から逃れ、生き延びようとする三田の気持ちですが、既に、この説明の中にヒントは出ています。

⑱夜中に、こんな状況の下ではなく、仮に昼間、ただの隣人として接するなら、（中略）男に人殺しの魂を感じること等ないのであろうが、灯るロウソクの明かりは、闇の中から男の［　　］を炙り出しているように思えた。

通常なら、ごく普通にしか見えない人間を、改めて殺人者として認識して見た時の、三田が心に恐怖を抱く場面ですが、これもまた、目に見えて炙り出すことは無理な、抽象的な言葉を選びました。

⑲内容の方と言えば、バイト先の牛丼屋の社長が実は世界征服を企む悪の組織のボスで、その正体に気付いた主人公であるあいつが、バイト仲間と共に社長率いる悪の組織と戦うというもので、しかも世界征服に、例えば、食の安全に注意を払う等全くせず、損得尽くで

〝　　　〟といった類の輸入食材を使うなんてことは当たり前で

三田が、自身と同じく〝夢を好物にして〟マンガ家を志している友人から、描いた物を見せてもらった時の、その内容について語る場面ですが、時折、マスコミの報道により、外国の工場で使用期限の切れた肉が使われていた等、消費者としては非常に不安を覚えるような事実が明らかにされることもありますから、このような不安をデフォルメした表現だと捉えて下さい。

⑳例えば先にも触れた、アパート等の集合住宅内で入居者達が互いに交わす、実の所は形式的なものでしかない挨拶の話だが、中には、そんな儀礼等自分の関知するところではないといったような奴もいる。シャイな人とは勿論違う。多かれ少なかれ、誰にとっても、普段、接触のない他の入居者と廊下等で顔を合わせてしまった時には、どことなく気まずい思いをするものではあるが、こういう類とは明らかに違う。何て言うのか、擦れていると言うのか、それとも元来性格が悪いのか、いや、それ以上に、まるで〝　　　〟のようなどよ～んとした〝オーラ〟を発していて

その人が醸し出している雰囲気について、普通、このような言葉を用いることは、まずないでしょうけれども、このケースにおいては、滑稽とも言えるくらいの、より強い印象を与える

ような言葉を選びました。どこかの〝場所〟を想像してみて下さい。

※ご参考までに（①〜⑳についての、自分なりの表現）
①規制緩和　②エンターテインメント　③観客、舞台　④昭和　⑤恐怖　⑥ドラえもん
⑦戦利品　⑧不純物　⑨◎　⑩初心者　⑪意地　⑫ざわめき　⑬波間　⑭嘲笑い
⑮張り手　⑯希望　⑰出口　⑱異様な内面　⑲毒物まみれ　⑳沼地

第九節　口語としてのリアリズムを考える

北原保雄氏が編集を務められた『問題な日本語その❸』の中で、某有名な作家達の作品の中から引用した「うちの奥さん」という言葉遣いについて、「奥さん」は「奥様」から転じた語で、元来は大きな屋敷の奥にいる人の意であり、他人の妻の尊敬語として使われるべきであって、自分の妻に〝さん付け〟するのは、本来、誤った言い方だと指摘されていました。人に向かって自分の妻を指していう言い方は「妻（つま・さい）」「家内」「女房」、あるいは西日本の方言としての「嫁（さん）」等が正解のようで、このように口にされる人も勿論いますが、実際には、「奥さん」という言い方をする人だって数多く見受けられます。

あるいは、NHKの教育テレビに目が留まった際、番組で講師を務められていたある語学の専門家は、「お召し上がりになる」という言い方は二重敬語に当たると指摘されていましたが、食品のパッケージ等を見ても、〝お召し上がり方〟と印字されていることも多いように、一般化している言葉遣いだとも語っておられました。

こういう点も考慮し、自作では、文法的には間違っていたとしても、口語、または口語寄りの表現では、そのリアリズムを優先しました。

もっとも、文法的に間違った言葉遣いなのか、それとも、口語としてのリアリズムなのかの線引きは曖昧なところもあり、例えば前述しましたように、本当は「損得尽く」とするべきところの「損得勘定」という言い方を、自分は、一応、間違った言葉遣いとして取り上げましたが、これ等は、十分に口語としてのリアリズムという面を持っているかと思いますし、あるいは「就職口」とすべきところの「就職先」も同様でしょう。こういった点も踏まえて頂いた上で、自作の中から幾つかご覧になって頂こうかと思います。

①自作のケースでは、厳密には間違った使い方です ――「狼少年」

お前は、担がれたことも分からず悪友の話を真に受け、無駄に警察を動かした〝狼少年〟だ。

〝グレイゾーン〟にある、殺人少年の告白の場面です。その中で、自身が起こした未解決事件について語る件《くだり》で、また、自身、本当のことを話しているのかどうか分からないと含みを持たせて田中に迫るのですが、自分は、漠然と「狼少年」＝嘘つきと解釈していたのですが、改めてデジタル大辞泉で確認すると、このような説明がありました。

おおかみ-しょうねん〔おほかみセウネン〕【×狼少年】

2同じうそを繰り返す人。イソップ寓話の、何度も狼が来たとうそをついたために本当に狼が来たときには信用してもらえなかった少年の話からいう。

自作のこのケース、田中やその親が何度も警察署に足を運んだ末に警察が動くという可能性もあるとは言え、バラバラ殺人の罪を犯して少年院に入れられている少年の告白を警察が軽く見るとも考えにくく、とすると、ここで「狼少年」の言葉を用いるのは、本来は間違っているのですが、嘘つきを象徴するものとしてのニュアンスの面を重視し、ここでは、あえてこの言葉を用いました。

②同様に、実際には間違っている「訳」の用い方について

プログレッシブ和英中辞典を見てみると、「訳」の意味について、以下の説明があります。

わけ【訳】

1意味　2道理　3理由　4事情　5結果として当然であること　6面倒

7否定・断定をやわらげて　……する訳にはいかない　……ない訳にはいかない

自作でも割とこの言葉を用いていますが、その中で次のような件《くだり》があります。

羽を抜かれた蝶は、また、芋虫に逆戻りって訳だ。

これも殺人少年の告白の場面で、ここで用いた「訳」の意味について、告白している本人にしてみれば、5の「結果として当然であること」として語っているというものなのですが、実際には、いくら羽をむしり取られたからと言って、成虫が幼虫に逆戻りするなんてことは、生物学的にあり得ない話です。これは、単に見た目がそのようであるというだけのことなのですが、あえてこの言い方にしたのは、意味として正しいかということよりも、殺人少年の性質の悪さを表現したかったためです。

③「それを考え」、口語としてのリアリズムに則してみました

「もしかしたら家の側に住んでいる可能性だってある訳だし、それを考えると何か嫌ですね」

街頭でインタビューに応える一般市民が、世間を震撼させた殺害事件を起こして少年院に入っていたその者の仮退院が決まったことに対し、不安を覚えているその様子を描いた場面ですが、このケース、本来なら、「それ」ではなく、第三節の所でも触れました、デジタル大辞泉の説明にある、

これ【×此れ／▽是／×之／▽維／×惟】

〔代〕

1近称の指示代名詞。

㋒話し手が当面している事柄をさす。このこと。「―を仕上げてから食事にしよう」「―は困ったことだ」

この解釈が妥当かと思われる「これ」を用いるべきなのでしょうけれども、やはり第三節の所で触れましたように、日頃、注意して聞いてみると、割合、多くの人が「これ」と言うべきところを「それ」と口にしていることがあることから、ここでは、口語として、よりリアルな言い方にしました。

④個人的には、カメラは「回せる」ものではないと思うのですが……

でも、少年院に入ってからそろそろ五ヶ月目にもなることだし、真面目に更生ごっこに付き合ってやっているせいか、少しは信用されてきたんだろうか。監視カメラを回さないでくれっていうこちらの要望も受け入れてくれたし

「カメラを回す」――これもよく耳にしますから、もはや、一般的な言い方として捉えました。

ただし、デジタル大辞泉で「回す」の言葉を見た場合、

まわ・す〔まはす〕【回す／×廻す】

〔動サ五（四）〕

1軸を中心にして、円を描くように動かす。回転させる。「腕を―・す」「プロペラを―・す」

とあり、例文を見ても、カメラの場合は、これに相当させるには無理があるものを感じましたが、自作のこのケースは、相手との会話があったと考えられる、つまりは口語であると考えられるため、この言い方にしました。

ただし、このような例外を除いては、デジタル大辞泉の説明に沿った表現を用いました。

当初は俺の個室、まあ、俺にとっては〝独房〟と一緒だけどもな……そこに監視カメラが作動していたりしてな。

さ‐どう【作動】

〔名〕（スル）機械や装置の運動部分が働くこと。「モーターが自動的に―する」

⑤田中君はアパートのオーナーではありませんが……

「いや、今から田中君のアパートへ行かせてもらうよ」

自作の場合、あくまでも田中が住んでいるのは賃貸住宅という設定ですから、プログレッシブ和英中辞典の説明にある、

—の【—の】《格助詞》

1〔所有〕

父の家

には相当しません。正しい言い方をするなら、プログレッシブ和英中辞典の、

—の【—の】《格助詞》

8〔主格〕

彼の折った枝

あるいは、

—が【—が】《格助詞》

1〔主格関係を表す〕

鳥が鳴いている

これらの格助詞を用い、「田中君の住んでいるアパートへ」、あるいは「田中君が借りている

アパートへ」等とするべきではありますが、同時に、日常会話の類としては丁寧過ぎる言い方とも感じます。普通、会話において、分かり切ったことについては省いて口にするだろうと考え、「田中君のアパートへ」とした次第です。

⑥その他、パソコンの指摘する事例について考えてみます

自作はパソコンを使って原稿を作成したのですが、その際、記述した文章のある部分の右脇に緑や赤の波線が引かれることがあります。おそらく、これは文法的な誤りを指摘したり、あるいは「如何なものですか？」と、再考を促しているものだと思うのですが、これらについても、幾つか取り上げてみたいと思います。

1．「の」の転と言うらしい〝ん〟です

例えば、学生の頃、賃金の良さに釣られ運送会社のアルバイトをしたことがあったが、その分キツイ仕事なんだろうなと案じていたのだが

と、このように文を打つと、「仕事なんだろうな」の箇所の「なん」の右脇に緑色の波線が引かれます。ご存じの方はご存じなのでしょうけれども、自分の場合、最初は何故？　という

思いがありました。あれ？　でも、クイズ番組で名解答者ぶりを発揮する等、才気を感じさせる、あのような「お出来になる」黒柳徹子さんだって、例えば自身が司会を務めるトーク番組で、ゲスト相手にこういう言い方をしてたはずだが……と思っていたところ、番組のある回の模様を書き留めたものが、たまたまネット上にあったので、これを見てみると、ゲストに対し黒柳さんは「――してらっしゃるんですって？」とあり、また、車を運転している時に点けていたラジオのある番組で、ゲストに呼ばれていた、ペーパーアートなるものに取り組んでいる方が「――年、これをやってきましたんで……」と口にされていた等々、やはり、こういう言い方をするぞと思い、デジタル大辞泉に正解を求めてみたところ、

ん【ん】

〔格助〕格助詞「の」の音変化。「それ、僕―だ」「君―ち へ行こう」「あたし―とこに明いてるのがあるから」〈二葉亭・平凡〉

解決致しました。黒柳さんだって、「ん」と口にするはずです。

2. “――て”と来たら、「いる」に続くと覚えておけば間違いなくも……

デジタル大辞泉の説明から、補助動詞の「いる」の意味合いについて、

いる〔ゐる〕【居る】

〔動ア上二〕〔文〕〔ワ上二〕《じっと動かないでいる、低い姿勢で静かにしているのをいうのが原義で、「立つ」に対する語》

7（補助動詞）動詞の連用形に接続助詞「て」が付いた形に付く。

㋐動作・状態が続いて、現在に至ることを表す。「猫が鳴いている」「花が咲いている」

㋑動作・作用の結果が、続いて現在もあることを表す。「枝が枯れている」「窓があいている」

㋒現在の状態を表す。「彼の気持ちはもう変わっている」


とあり、早い話、動詞っぽい言葉の最後が「て」の形だったら、「いる」と受ければ問題はないんでしょう。ただ、文法的にはそうであったとしても、実際、人が話している言葉を聞くと、結構、「いる」の〝い〟の部分を抜いているケースがありますから、一応、確かめてみようと、こういったケースで「いる」と「る」、一般的にはどちらの方が多く使われているのかネット上で検索したところ、「いる」の方が多いこともあれば「る」の方が多かったりと様々だったこともあり、自作の場合でも、口語、あるいは口語寄りの表現をする際には、パソコンで緑色の波線を引かれて再考を促されても、単に「る」としました。

ちなみに、自作の中で、

ふざけてると思われてんのか⁉

と記述した所があるのですが、パソコンの指摘に従い、右脇に緑色の波線を引かれることのない、文法的に正しい言い方にするとしたら、こうなります。

ふざけていると思われているのか⁉

どうでしょう？　口語としては、どこかまどろっこしい言い方になってはいないでしょうか？　たとえ文法的には正しくても、そのような言い方は避けたい場合もあるということです。

3．実生活では気を付けたいものです。

また、これはパソコンの指摘を受けるものではないんですが、例えば、

「ここでいいんじゃない？」

って聞いたら、奴は――。

というケースの「って」は、デジタル大辞泉に一「〔格助〕《格助詞「と」または「とて」の音変化とも》名詞、名詞的な語に付く」の1「引用する語、または文の下に付いて、次に来る

動作・作用の内容を表す」とあるように、砕けた言い方であると思うものの、右脇に緑や赤色の波線が引かれることはありませんが、ちなみに『「また会いたい」と思われる人の38のルール』の著者である吉原珠央さんは、以前、ＴＶ番組に出られた際、小さな〝つ〟が入るような言葉を使うのは、余り人に好印象を与えず、例えば電話で応対する際等、「ちょっとお待ち下さい」ではなく、「少々お待ち下さい」とした方が印象が良くなるということを〝おっしゃって〟……否、口にされていましたが、実生活においては気を付けたいものです。

第十節　俗語として通用するのか

前節の「口語としてのリアリズム」にも通じることでもあるので、自作の中で俗語を用いている箇所も幾つかあるのですが、ただし、国語辞典に記載されていないような言葉の使用は、なるべく控えようと考えていたので、例えば、「ちくる」「こく（放く）」＝ぶっこく等、辞書にあるような俗語、あるいは俗語としての意味合いも持つ言葉は一般的な認知度も高いだろうと判断し、使用しました。

ちなみに、自分は一般的な言葉と捉えていた「素っぴん」は、デジタル大辞典によれば俗語としての説明がされていました。また、一般的に俗語として通用しているかどうかの観点から国語辞典で確かめてみても、実際には、俗語のカテゴリーには属していないというケースも多々ありました。例えば、補足説明には「若者の間では、『最高である』『すごくいい』の意にも使われる」とあるものの、「やばい」という言葉は俗語ではありませんでした。

同様に「イケメン」。これについては、大辞林第三版では若者語としての分類で、また、「ひねりがなく、面白味に欠けるさま」という意味で使われる際の「べた」に関しても若者言葉で、更には、若い世代を中心として使われることの多い、「逆上する」や「かっとなる」を意味する「キレる（切れる）」は若者語ですらなく、一般的な言葉として捉えられていましたし、「ある事に過度に熱中していること。また、熱中している人」を意味する際の、「オタク」と書くことが多いとしている「御宅」の言葉は、「1980年代半ばから使われ始めた言葉か」との補足説明はあるものの、今や、この言葉もデジタル大辞泉では一般的な言葉としての扱いで、昨今、〝新宿二丁目〟等で働いている男性達のことを指す言葉としてよく耳にし、また、「オネエ」等と表記されることの多い「おねえ（御姉）」についても俗語ではありません。もっとも、この言葉についてデジタル大辞泉では、「《おねえさんの略》姉または若い女性を親しんでいう語」という説明に止まっているようですが……。

すっかり定着した感のある「アラフォー」も、「ファッション業界で使われていたアラサーをもじった語。もともとは1980年代半ばを高校・大学で過ごした40歳前後の女性をさした」で、「びびる」や「ぱくる」「パニクる」「むかつく」「垂れ込む」等は、俗語か否かの視点すら持つ必要はないみたいです。

ただし、さすがに「おかず（御数）」については、デジタル大辞泉では「副食物。お菜《さい》」以外の説明はありませんでしたから、俗語と言うよりも「隠語」に近いのかも知れませんが、自分は、殺人少年の性質の悪さを表すものとして、あえてこの表現にしました。ただし、この〝隠語〟についての説明は控えさせて頂きます。

ちなみに、こういうケースでは、どこか慣習的に「割愛させて頂きます」という言い方をしてしまう場合もあるかと思いますが、デジタル大辞泉には、

かつ‐あい【割愛】

〔名〕（スル）

1惜しいと思うものを、思いきって捨てたり、手放したりすること。「紙数の都合で―した作品も多い」

とあるので、少なくとも、隠語に近いような「おかず」について「割愛」という言葉を使うのは、人格を疑われることになり兼ねません……。

第十一節　句読点と改行

改まった文章を書く時、第二節で触れました「多分、これでいいはずだが？」という程度にしか認識していない言葉を用いる場合と同様、句読点の打ち方が気になることもあろうかと思いますが、本を出版しようとするなら、それは尚更で、まず、改行については、通常、話の内容が変わるような場合に、というのが一般的な認識ではないかと思いますが、例えば、小説を読んでいると、必ずしもこれには該当していないし、また、自身、その語句や文を際立たせたい、あるいはスピーディな感じを持たせたい場合等にも改行するのですが、他の出版物の既存の例に照らし合わせてみた場合には正解のようでも、文法的には、決まり事があったりするんだろうか？　と感じたりもします。

一先ずこの疑問は置いておき、句読点の打ち方についてですが、第九節の所でも触れました、助詞の「ん」は「の」の転だということと同様、これについてもご存じの方はご存じなのでしょうけれども、自分は、当初、こういうものがあるという知識がなかったか、あるいは、どこかで耳にしていたのかも知れませんが、記憶の中から欠落していたので、取りあえず、広辞苑で「句読点」の言葉について見てみると、その説明の中に「句読法」という言葉があったので、これをキーワードとしてネット上で検索してみたところ、句読点の用法について、昭和二一年三月、文部省教科書局調査課国語調査室で作成され、また、「この案は、発表以来半世紀を経ていますが、現在でも公用文、学校教育その他で参考にされています」としている〈句読法〉なるものがあり、これを見ると様々なことが記述されているのですが、例えば、点の打ち方における最も重要な、一般多く使われる原則としている「テンではさんだ語句を飛ばして読んでみても、一応、文脈が通るやうにうつのである」とあり、つまりは、このカッコ内の〝一応〟の言葉を省いたとしても意味が通じるような形として用いるということなのでしょうけれども、勿論、これに止まるはずもなく、「テンは、第二の原則として、副詞的語句の前後にうつ」であるとか、「形容詞的語句が重なる場合にも、前項の原則に準じてテンをうつ」。また、「副詞的語句の前後にうつ」の説明では、続けて「その上で、口調の上から不必要のものを消すのである」とあったり、つまりは、息継ぎをするのに自然な所に打つという意味でしょうか。あるいは「語なり、意味なりが附著して、読み誤る恐れがある場合にうつ」。言いたいことは分かりますが、他の人が書いた物を読んでいても、実際には、その人の感覚によるものであったりしますが……。更には、これら複数の要素が絡み合い、その上、ナカテンであるとかナカセン他、数々の説明がされています。

改めて注意を払いながら用いようとする場合、これもある程度の慣れというものが必要だと感じますし、また、句読法についての前書きの所では、「くぎり符号の適用は一種の修辞でもあるから、文の論理的なすぢみちを乱さない範囲内で自由に加減し、あるひはこの案を参考として更に他の符号を使ってもよい」と、許容範囲を設けてもらっているとは言え、言葉を駆使して創作活動に取り組む者としては、やはり出来る限りのことはしたい。

しかしながら、自身の記述した文章を、句読法に定められているこれら一つ一つに照らし合わせながら検分していったら、これもまた、〝千日単位で〟「日が暮れちゃう」作業になってしまうため、どこかで現実との折り合いをつけなければならず、それ故、課題をクリアーしないままにという心残りがあるものの、最低限、読者に読みづらさを感じさせないという点に留意しながら句読点を使わせて頂きましたが、読者の皆様には、あくまでも著書の内容に興じて頂ければ幸いです。

さて、保留にしておいた改行の問題ですが、これに関してはヒントになりそうなものが見当たらなかったので、その用法について決まり事があるのかどうか、広辞苑の編集部の方にお尋ねしたところ、「特に決まりはありません」との回答を頂きました。

記録には表れないエラーの一例
――一般の読者にとっては「どーでもいいこと」かも知れませんが……

おそらく、一般の読者にとって大切なのは本の内容であり、読んでみて面白かった、読み応えのあるものだった等々のことだと思われるため、ここで記述することは、あくまでも著者の〝こだわり〟でしかないのですが、例えば、NHKの『プロフェッショナル　仕事の流儀』のある回に出ておられた鰻屋の名店『野田岩』の五代目である金本兼次郎さんは、その中で、鰻の美味しさに関しては勿論のこと、仕事に取り組む上での、自身の所作の美しさにも気を配りたいという旨の話をされていました。これが、果たして、どの程度鰻の出来を左右するものであるのかは分かりませんが、少なくとも、作り手のこういう意識は、何らかの形で反映されるものだとも感じます。

金本さんが語られた言葉は、自身、作り手の一人として心に残るものがあり、本来なら、本が出版される前に気付くべきだった、〝はっきりとした形では表れていない〟エラー、つまりは、金本さんが言うところの「所作の美しさ」を伴わなかったが故の、「褒められたプレーではない」表現についての幾つかを取り上げています。そしてこれらは、料理に例えるとしたら、盛り付けだとかどの器を選ぶかといった話ですし、一般の家庭では特に注意するようなことではないと思うため、「うるさい」、あるいは「何でもいいじゃねえか」という話ですので、本当に一読して頂ければ結構です。

①「下手くそなラップ」のような表現を……

また、人生に絶望したと見なすには程遠い、単に嫌気が差しただけで、また、この世から身を引こうとするのに誰にも迷惑を掛けずに等ということは頭の片隅にもなく三田が、昨今の様々な凶悪事件に対して抱いている思いを語っている場面ですが、下手くそな韻を踏んでいるラップみたいな表現をしてしまいました。本来なら、

また、人生に絶望したと見なすには程遠い、単に嫌気が差しただけで、**そして**、この世から身を引こうとするのに

とするべきでした。同様に、

民放の朝のニュース番組で、どこかの水族館から中継し、そこに飼われている形体の珍しい魚を若い女性のアナウンサーがレポートするという回があったのだが、その魚を目にしたそ

のアナウンサーが

またしても下手くそなラップを……。

その魚を目にした**女性**アナウンサーが

こちらの方が望ましいものでした。

②この言葉なら、組み合わせるべき適切な言葉は……

それにパチンコ屋の殺人事件にしても、ニュースでもたまに景品交換所が襲われたという事件を見聞きするように

当初、自分は「景品交換所の係員が襲われた」と表現していたのですが、担当の編集者から「景品交換所」だけで良いのではないかとの提案を受け、こちらも「ああ、その方が適切だな」と判断し、このような表現になったのですが、この言葉と組み合わせるのなら、次のような表現にした方がベターでした。

景品交換所が襲撃されたという事件を

③句読点ではなく格助詞を添えるだけでも、語感の悪さは解消出来ていたのですが……

だって、レクター博士を見てみろよ！　博士と良からぬプレイをしようとした大富豪が、自身を手足の利かない宙吊りにしている時、博士から注射を打たれてトリップし、鋭利に割れた鏡の欠けらを渡され、これで自分の顔の皮を剥げと仕向けられただろう。

前にもお断りさせて頂きましたが、内容の〝過激さ〟に注意を奪われないよう、お願い致します。今回の作業を通じて感じたことは、日本語の特性の一つとして、余計な言葉を付け足さなくても、その一言で片付いてしまうということ。例えば「教え子」は、現在、自身が教えている生徒だけではなく、以前、教えていた生徒も含めた言葉なので、〝かつての〟生徒であっても、頭に「元」を付ける必要はないことが分かりますし、あるいは、自作の中の、

玄関へ上がると、まず、そこはＤＫの造りになっていた。

の件《くだり》で、当初は「まず、最初に――」と表現していたものの、「まず」と「最初」は同じ意味なので、後者の方は省きました。が、これは表現者の一人として陥り易いことでもあり、「まず、最初に――」とした方が抑揚を付けられ、滑らかな響きがある。つまりは、言葉を付け足した方がどことなく見栄えがするのですが、たとえ〝ぶっきら棒〟な響きがあったとしても、言葉の意味を考えれば、余計な修辞は必要ない訳です。

ただし、〝レクター博士絡み〟の件《くだり》は、こういうケースとはまた違うもので、文法的な問題はないと思われるものの、これはこれで、単にどこかしら〝ザクザク〟とした響きがあり、滑らかさに欠けるのですが、「自身を手足の利かない宙吊りにしている時、」の箇所は句読点ではなく格助詞を用い、「自身を手足の利かない宙吊りにしている時に」とすれば、文全体の印象が少し変わるところでした。

④担当の編集者を苦笑させてしまいました

基本的には編集作業が終わり、「ゲラ」と呼ばれる校正用に試し刷りした物の表紙の指定された箇所にこちらが押印すれば、後は製本のための印刷に回すだけとなるのですが、その後の、本当に最後の最後といったところで、こちらが〝悪あがき〟し、ここを直せないかと頼んだもののの中には、担当の編集者を苦笑させてしまったものもありました。

リーガンに巣くう**悪魔の棲む家**に向かうが如き状況なのに、どこかにカラス神父はいないのか⁉

苦笑させてしまった理由は、改訂前が「悪魔が棲む家」だったからです。編集者と同じ反応をさせてしまった読者もいるかとは思います。確かに「の」であろうと「が」であろうと、共に「主格」を表す格助詞なのですから。が、自作は映画制作を夢見ている三田が主人公の話であるため、前述したレクター博士やここでのリーガン等、映画の登場人物の名前や、映画のタイトルを所々にちりばめており、この件《くだり》は、そのタイトルをさりげなく忍ばせている故、「悪魔の――」でなければならなかった次第です。

ちなみに、本当は、その映画のタイトルを忠実に表記したかった所があるのですが、この一件があるだけに、次のことについては、さすがに言い出せませんでした。

奥さんの心の中にはとっくに旦那を愛することの出来ない〝私の中のもう一人の私〟がいるものの

お気付きになった映画ファンもおられるかと思いますが、〝私の中の――〟はウディ・アレン監督の作品の一つであり、〝耳で聞く〟分には間違いではないものの、タイトルの正しい表記は『私の中のもうひとりの私』と、〃一人〃の部分は平仮名の表記なので、こちらとしては、その通りに表記したかったのですが、少なくとも自分自身は、それまで、曲がりなりにも担当の編集者と良好な関係を持てていたと思っているのに、後味の悪いことはしたくない。「悪魔が――」を「悪魔の――」にしてもらった後なら尚更です。いや〜、言えないです、これについては「平仮名にして下さい」等とは……。

忠実に表現したかったと言えば、実際に江東区であった事件について三田が軽く触れる場面で、その事件の犯人である男が住んでいたのはマンションだったのに、自作ではアパートと表現してしまっていたので、出来れば、これについても直したかったところではあるのですが、押印する前ならいざ知らず、「悪魔が――」を「悪魔の――」に変えさせた上で「一人」を「ひとり」に、更には「アパート」を「マンション」に等と〃ダメ押し〃したら、「いい加減にしろ！」との思いを担当の編集者に抱かせるのは必至ですので、ここは作り手のこだわりよりも〃人間関係を優先〃しようかなと……。

と、このようなことを書き連ねていると、ひょっとすると読者の中には、「こいつ、結婚したら、例えば奥さんが部屋の中を掃除した後、わざわざテーブルの表面を指ですくい、そこに付着した僅かな埃を奥さんに見せながら、『何だ、これは?』等と嫌味ったらしく言ったりするんじゃないのか?」等と感じる方もおられるかも知れませんが、人間、そう機械的に推し量れるような存在でもないですし、そもそも、自分自身、結婚する気がありません。結婚生活に幻想を抱くような〝お年頃〟でもないし、自身の結婚観からも尚更です。

まあ、結婚生活というもの、勿論、良い面もあるのでしょうけれども、想像するに、自分達の気付かないところで、お互いにストレスを掛け合っているところもあるのでは？　以前、プロ野球選手である夫を支える妻にスポットを当てたドキュメンタリー番組で、ある球団のエースピッチャーが練習を終えて自宅に帰った際、奥さんから昼食には何を食べたのか聞かれ、そこに、どことなく〝尋問〟的な雰囲気を感じてか、後ろめたそうに、そのエースピッチャーは「おにぎりとうどん……」と答えると、奥さんはそのことを咎め、

「炭水化物ばかりじゃない⁉」

勿論、これは、奥さんにしてみれば、体が資本である職業の夫のことを気遣い、栄養バランスの取れた食事をしてほしいとの思いからの言葉なのでしょうけれども、バツが悪そうな旦那の表情からは、素人目にも、この時、もし、ストレス値を計測していたとしたら、意外と高い数値が出ていたんじゃないのかと想像するのですが、実際、一般の者にはストレスと捉える程でもないと思えるような些細なことでも、医者の見解では、大病にもつながり兼ねないケースだってあるようで、そう言えば、雀等の小鳥なんかだったら、ストレスで死亡してしまうことだってあるのだし、人間だから見た目には分からないものの、一回のストレスで、細胞の一〇

○個〜一〇〇〇〇個くらいは簡単に死滅している場合だってあるんじゃないでしょうか。つのだじろうさんの代表作の一つである『恐怖新聞』の、相手の霊力によって拒絶することが不可能な、悪霊から一日読まされる毎に寿命が一〇〇日ずつ縮まっていく鬼形少年の悲劇が思い起こされます。

子供の頃幾度となく通った、としま園にあるミステリーゾーンの暗闇の中で、不気味に囁《ささや》く老婆の声が心に蘇ります。

「恐ろしいかえ？　……」

やばいです！　たとえ相手に善かれと思うことでも、結果、〝恐怖新聞〟になってしまう場合だってあるのだし、創作活動に取り組む者としては、これは絶対に留意しなければならない。例えば、養鶏場の鶏にしても、出来るだけストレスを与えない方法で飼育された鶏の方が、その身がよりおいしくなるのと同様、バリアフリーなら ぬ〝ストレスフリー〟の状態で創作活動に取り組んでこそ、作品に輝きを持たせることが出来るのではないかと。そして、これは何も机上の空論ではなく、自分自身、生まれてこの方、呑気にストレスフリーの〝王道〟を歩んできた訳では決してなく、かなりストレス値が高くなるような状況にさらされたことだってあるため、精神衛生上の環境整備を充実させることは、即ち、創作活動に取り組む自分自身を活性化させることでもあると感じている故、精神衛生上の環境整備の充実と結婚生活との間に〈とく、どちらの記号を選択するのかを自身に問いた場合、前者を選ぶ次第で……いや、これだけではありません。例えば「パワハラ上司」とか形容されている人達がいますが、勿論、愛のムチが部下にはそのようには受け取られていないというケースもあるのでしょうけれども、ひょっとしたら、こういう上司の中には、〝家庭不和〟によるストレスの捌け口が、無意識に部下に向けられてしまっているというケースもあるのでは？　だとしたら、ストレスは人格をも破壊してしまうという訳で、尚更、注意を払わなければならない。

勿論、自分のごく近い所でも、「生まれ変わっても、また、同じ人と結婚したい」等と口にする人もいますが、これは〝奇特〟という感が否めません。良い方の意見にしても、例えば、バラエティ番組に出演した際のある芸人さんの、自分の奥さんに対する「トータル、感謝やね」の言葉にしても、〝トータル〟の部分に若干引っ掛かるものがあるし、あるいは、ある情報番組が一般の夫婦に対し、相手の「ここが嫌」というところを挙げてもらっていたのですが、その中には、スーパー等で買い物をする際、夫がお菓子だとか飲み物等を、勝手に奥さんが手にしているショッピングカートのカゴの中に入れてしまうというものがあり、このことに対し、ゲスト出演していた五〇代くらいの著名人の女性達が「お菓子くらいいいじゃない、ねえ？」とコメントしていたのですが、お菓子くらいって……それは、自分の子供に対して言うセリフじゃないでしょうか？　許容範囲にあるものは「お菓子くらい」なのでしょうか？　日本酒や

焼酎の一升瓶、あるいはワインのボトルを勝手にカートのカゴに入れてしまったら、一体、どうなってしまうんでしょうか⁉

また、やはり一般の人達に対して行った、伴侶の愛情を試すどっきり番組で、まあ、これは対象者が二〇代の夫婦ということもあったのでしょうけれども、「三万円の入った財布を落とした」と言う旦那に対し、その奥さんは、以前にも同様のことがあったことから気分を害し、「あんたの、そういうところが嫌なのよ！」と、声を荒らげていました。ここ十何年はないものの、これまで〝五回〟財布を落としている、且つ最後の五回目はボーナスシーズンだったこともあり、三五万円の入った財布だった自分だと、どのような結末が待っているのでしょうか⁉ もっとも三五万の時は拾って下さった方がいたので、自分の許には戻ってきましたが、その時に謝礼金として四万円差し上げているので、もしかしたら、「あなたがしっかりしていれば、四万円も払う必要なんてなかったでしょ⁉」と言う奥さんだっているんじゃないかと。ましてや「必勝馬券研究とその実践」が一番の趣味である自分としては、浪費してしまう場合だってある訳ですよ。となると、「この前、競馬で五万散財したくせに、何、三五万も落としてんのよ！家を破産させる気⁉」等の言葉を浴びせられるのは必至。

その他、夫婦で家事や育児を分担することが当たり前になっている感のある昨今、このような〝科目〟がかなり苦手な自分としては、奥さんばかりに負担が掛からない妥協案として「お手伝いさんに頼んだら？」と言いたいところなのですが、これはこれで、奥さんからは「何で、そんなことで人を雇わなければならないのよ⁉」と。で、こちらが「前に、長嶋さん家は、お手伝いさんを雇ってるって聞いたことがあるよ」と言っても、「長嶋さんのところは金銭的に余裕があるからでしょ⁉」……いや〜、とてもじゃありませんが、ストレスフリーの状態で、創作活動において能力全開！　なんて望むべくもない……。

そもそも創作活動というのは、自身の精神状態を安定させると言うか穏やかにさせる作用がとてもあるものなんです。以前ＴＶで、最近、書道を習っているというある俳優さんが「書に対していると心が落ち着く」と語っていたことがあったのですが、自分が取り組んでいることも全く同じで、それが、たとえ殺人鬼が登場するような小説だったとしても、著者自身の内面は〝穏やかで静かな海のよう〟であったりするんです。基本的には無心で作業を進めているのですが、ふと我に返った時に、自身の〝心の平穏〟に気付くという、ヒーリング効果が非常に高いものでもあることを感じているだけに――ストレスフリーの状態で創作活動に取り組み、更にその創作活動を通じて「この上ない心の平和」が保たれているというのに、結婚⁉　そして、その先に待つ結婚生活⁉　……「辞退させて頂きます」という気にどうしてもなってしまいます。

だって、ねえ？　土曜の休日に午後の三時過ぎに起き出したって、午後の一〇時過ぎから飲み始めたって文句を言われることもないし、日曜日の競馬の予想で浪費したとしても、〝小言を耳一杯に〟詰め込まれる心配なんて全く！　ないんですから。「はあ～、極楽、極楽」のお気楽な独身生活を謳歌することによる「天国に住む神の子」でいられるのに、結婚生活という、かなりデフォルメし、悪くイメージした言い方をするなら、『結婚行進曲』どころか『ワルキューレの騎行』が鳴り響く『地獄の黙示録』のような〝戦場〟に放り込まれたとしたら（戦場にさせる可能性が高いのは本人なんじゃないのかという指摘もあるでしょうけれども）、「まさか、この私がダミアンに⁉」なってしまわないとも限らない。極楽浄土にある魂が闇に支配され、本来、ルーク・スカイウォーカーとしての運命を辿るべきところをダース・ベイダーへと転落してしまうようなことにもなり兼ねないと考えれば、自然と、自身の選択肢は決まってくるのですから、奥さんが部屋を掃除した後で、わざわざテーブルの表面を指ですくい、そこに付着した僅かな埃を見せながら嫌味ったらしく「何だ、これは？」等という言葉が、必然的にも口を衝いて出るはずもありません。

……しかしながら、こんなことを書き連ねていると、我ながら「何ということでしょう」という気持ちも起きてきます。世の中には、男手一つで我が子を育て上げる立派なお父さんだっているというのに――しかも、その中には、年頃にでもなれば、その関係性が難しくもなるだろう父と娘という間柄だってあるというのに……。もっとも、このような家の子は、親を思う気持ちに溢れた人間に育つのでしょうけれども。「旦那様、道楽で浪費すること等気になさらず、どうぞ、ご自身の創作活動に心血を注いで下さいまし♡（語尾は〝まし〟を希望します）それも気が向いた時で構いませんのよ♡　『明日出来ることを今日するな』というイタリアの諺が大好きですものね♡　いいの、いいの、それでいいの♡　♪　それでいいのよ～♡　それでいいのよ～♡　♪」等と口に出来る、と言うより、心からこのように思っている女性が現れるかも知れない、その0・00001％の可能性に賭けている場合ではないのか⁉

このことはともかく、自分の放言に対し、窺い知れないところで、女性を侮蔑していると捉える向きもあるかも知れませんが、良識のある方なら、本気で怒る必要もない戯言《たわごと》と聞き流して下さるであろうことを口にさせて頂いているつもりですが、どうでしょう？

それはさて置き、バカ話で終わらせると、本書が非常に締まりのないものとなってしまうため、この戯言に関しては、どうか忘れて下さい。

おわりに

王さんの言葉に刺激を受け、完璧な結果となることを目指したにもかかわらず、やればやる程限りのなさや、取り組み方を深めようとしているのに、なかなか精度が高まっていかないその困難を感じる。これは、例えて言うなら、四二・一九五キロを完走しようとスタートし、また、これ以上の距離を走っている気がするのに、実際には、一キロにも満たない距離しか走破出来ていないような感覚を持ってしまいました。

が、それもそのはずで、言葉遣いを完全にマスターしようというのは、辞書一冊分について習得するようなものですから、一朝一夕で事を成し遂げようとすることが、そもそも不遜な考え方でした。また、故人も含め、各界で活躍された、また、されている方々の一生や半生を焦点とし、これを題材にしたTV番組のある回で、MCの〝林先生〟こと東進ハイスクール・東進衛星予備校国語科専任講師である林修さんが、「何か物事を追究していこうとすると、二〇のミスを埋めるために四〇のミスが見付かり、更に四〇のミスを埋めようとすると、今度は八〇のミスが見付かる」と語っていたように、これは学ぶということの本質であると感じます。つまり、学びには終わりがなく、ある時期が来たからと言って、決して卒業ということではないんだと。それ故、自身の終着点は遙か彼方にあり、どこまでそこに近付くことが出来るのかは分かりませんが、何十年目の生徒の一人として、「一生という時間を掛けて」、学んでいこうと思っています。

か・ける【掛ける／懸ける】

〔動カ下二〕〔文〕か・く〔カ下二〕

12時間・費用・労力などをそのために使う。費やす。つぎ込む。「内装に金を―・ける」「手間暇―・けて」

最後になりましたが、自身、言葉遣いについての考えを改めている中で出会った「最高の言葉」をご紹介させて頂きたいと思います。

これは忌野清志郎さんの、生前最後のライブコンサートの模様を伝えていた、ある雑誌の記事の中にありました。コンサートの終わりに清志郎さんは、集まってくれたファンに対して感謝の言葉を述べると共に、このように言葉を掛けたそうです。

「LOVE&PEACEだ！　皆、気を付けて帰ってね～！」

〝ＬＯＶＥ＆ＰＥＡＣＥ〟の言葉も勿論ですが、自分は「気を付けて帰ってね」の言葉に惹かれました。何故？　と思われる人もいるかも知れません。取り立てて言う程のものでもない普通の言葉じゃないかと。

確かに、この言葉自体は、いわゆる「名言集」に載るようなものではありません。それでも、この言葉が魅力的だと思ったのは、仮に自分が清志郎さんの立場にあったとしたら、来場してもらったことに対するお礼の言葉やまたの来場を願う言葉を口に出来たとしても、ファンが家路につこうとするそのことまで、果たして気遣えるものだろうかと。つまり、自身の立場からではなく、相手の立場を考えた上での言葉であることに感銘を受けたのです。

また、これだけではなく、自身、執筆する際、基本的には無心で取り組んでいるものの、結果的に納得のいく文章を書くことが出来た時には、お恥ずかしながら、軽く自分に酔ってしまったり、あるいは、学力の部分を焦点とした推敲に取り組むことを通じ、言葉についての知識を少しでも深められたことを嬉しく思ったりするのですが、こういう自身の思いが、ファンを気遣う言葉を自然と口にされた清志郎さんの前にあって、底の浅いものであったと思い知らされたからでもあるのです。

故人だからと言って特に美化して語るつもりはないのですが、こういうこととは全く関係なく、この言葉の素晴らしさを感じました。

そこに到達出来ているかどうかは別として、自分が執筆作業を通じて創作しようとしているものは、例えて言うなら、プロの料理人の作った、悪く言えば、体裁をも考えた上でのそれかも知れません。対して清志郎さんの言葉は、ただ相手においしいものを食べさせたいという、現在失われつつある家庭料理本来の素朴な温かさにも似たところがあり、そして、プロの料理人がこういう家庭料理に対し、ある意味、絶対に敵わない何かがあるように、自分が著書の中で色々と言葉を書き連ねてきた、そのどれにも優るものだと思います。勿論、自分も、修辞のためだけに文章を綴った訳ではありません。それでも、言葉というものは、そこに心が添えられてこそ初めて生きるのだと、改めて実感しました。

難しいだけでは人生つまらない。ですから、最後は、このように口にさせて頂こうと思います。

「いや〜、心ある言葉、心のこもった言葉って、本当に素晴らしいものですね⁉」

それでは、また、どこかでお会い致しましょう！

著者プロフィール

水野　春穂（みずの　はるお）

1月16日生まれ。

大学中退後、種々の短期的な仕事をしながら映画制作に携わることを夢見ていたが断念（もっとも銀幕の“裏方”デビューの妄想は、今も継続中です）。その後自営業に従事するも、自身の創作意欲を封じておくことは出来ず、2014年2月、『隣の殺人者』（筆名BLACK PEACH）の出版に至りました。

前作における主人公の三田は著者自身をモデルにしているものの、実際の著者の方が、もうちょっとはしっかりしています（これまでに5回財布を落としたことがある身で、言えたものではありませんが……）。とは言え、等身大の自分から余りにもかけ離れたようなスーパーヒーローやイケメンを登場させるのは非常に気恥ずかしい思いがあるため、今後も小説等でこれらのキャラクターを描くことは絶対にありません。超人ではなく、人間を描いていこうと思っています（運良く、本書が自身の『遺作』となることを免れた場合に限り、という条件付ではありますが……）。


いや〜、日本語って、本当に難しいものですね

小説『隣の殺人者』の舞台裏

2015年8月15日　初版第1刷発行

著　者　水野 春穂
発行者　瓜谷 綱延
発行所　株式会社文芸社
〒160-0022　東京都新宿区新宿1－10－1
電話　03-5369-3060（編集）
03-5369-2299（販売）

印刷所　株式会社フクイン

ISBN978-4-286-16448-9